甜蜜"湘"村
菖蒲塘村的小康路

唐金生 主编

甜蜜"湘"村
菖蒲塘村的小康路

THE ROAD TO MODERATE PROSPERITY
A CASE OF CHANGPUTANG VILLAGE IN HUNAN PROVINCE

外文出版社
FOREIGN LANGUAGES PRESS

前 言

2013年11月3日，习近平总书记来到湖南省湘西州凤凰县廖家桥镇菖蒲塘村考察调研，了解村里围绕扶贫开发发展特色产业的情况，作出"依靠科技，开拓市场，做大做优水果产业，加快脱贫致富步伐"的重要指示。十年，山乡巨变，这个小山村发生翻天覆地的变化。

十多年来，当地干部群众牢记习近平总书记的嘱托，以发展水果产业为重点，以科技创新为支撑，以农旅融合为举措，推动一二三产业融合发展，走出了一条脱贫致富奔小康的特色之路。全村发展产业面积从2013年1750亩扩至2022年8000亩，翻了4.5倍；村民人均可支配收入从2013年6121元增至2022年30392元，翻了4.9倍；村集体经济营业性收入从2013年不足3万元增至2022年209万元，翻了70倍。小山村蝶变"水果之乡"，村民们的生活越过越"甜蜜"。

鸟瞰菖蒲塘村(吴东林 摄)

目 录

第一章　十年山乡巨变，菖蒲塘村的幸福画卷　1
　　果香满园幸福长　2
　　乡村振兴的领路者　10
　　和美乡村新气象　16
　　幸福像果子一样成长　23

第二章　"乡村振兴"的带头人　31
　　王安全：产业发展领头雁　带领乡亲奔富路　32
　　唐金生：第一书记的"治村秘籍"　35
　　滕建平：为了乡亲们的幸福生活　44
　　田儒兵：共同致富　共创平安　48
　　田小钧：从农民到致富能人的传奇故事　53
　　梁立成：从贫困户到致富的蜕变　58
　　邓志诚：菖蒲塘来了个研究生　62

第三章	科技赋能助力"水果提质"	**69**
	丁清清:"土博士"蜜事	70
	王仁才:与菖蒲塘村的"同心缘"	75
	田香群:山沟沟里"嫁接"出一条特色致富路	82
	田茂华:依靠科技 开拓市场	85
	雷志平:女汉子的"金剪子"	89

第四章	"水果出山"怎么走	**93**
	向黎黎:让电商成为菖蒲塘村一张闪亮名片	94
	周祖辉:科技托起振兴梦	99
	"花果山"上"酿出"甜蜜新生活	103
	翻开产业发展的新篇章	112

第五章	留住甜蜜的乡愁	**117**
	梁立军:在土地里种出幸福生活	118
	李霞:以苗族文化引客,以优质服务留客	124
	飞水谷:绿野仙境的扶贫致富奇迹	129

第一章

十年山乡巨变，菖蒲塘村的幸福画卷

　　走在湘西凤凰县廖家桥镇菖蒲塘村，漫山遍野的果园、素朴清洁的街巷院落撞入眼帘，村民们愉快地忙碌着，热情服务的志愿者会迎上前来，好一幅乡村幸福画卷。

果香满园幸福长

从穷山村到"水果之乡" 小水果做成了致富大产业

菖蒲塘村曾是一个典型的干旱贫困村，村民靠种植水稻、玉米、红薯等传统作物维持生计。全村人均纯收入不足 600 元，90% 的房屋为土砖房或茅草屋。"有女莫嫁菖蒲塘，家里只有烂箩筐"是过去周边村寨对菖蒲塘村落后贫穷的描述。

穷则思变。20 世纪 80 年代，为了闯出一条发展路子，王安全、丁清清等人带头走出村子，跑浙江、河南、福建，考察市场，学习种植技术，引种水果，一步步把菖蒲塘村发展成远近闻名的"水果村"。

然而，因为缺乏技术和市场经验，水果产业发展逐渐面临瓶颈。"规模大了，水果多了，产销对接难度加大了，市场竞争越来越大了。"已经 70 多岁的王安全回忆起当初的情景，依然记忆犹新。王安全说，为了突破瓶颈，一些村民也尝试其他发展路径，都以失败告终，一些村民开始丧失信心，转而外出务工。

就在村民们发愁之际，习近平总书记2013年来到了村里考察调研。"习近平总书记非常平易近人，他帮我们摘柚子，品尝我们的猕猴桃，叮嘱我们要依靠科技、开拓市场、做大做优水果产业、加快脱贫致富步伐。"当年习近平总书记来村里考察调研时，王安全代表村干部全程陪同讲解。王安全说，习近平总书记来了之后，为村里发展指明了方向，更加坚定了当地靠科技和市场做大做优水果产业，加快脱贫致富步伐的决心。

那一年，还在上海一家电子厂打工的田儒兵，放弃了几千元的月薪和组长管理职位，毅然回乡种植水果。2016年，田儒兵成功脱贫摘帽。

"脱了贫，建了新房，过上了新生活，日子越过越红火！"细数这几年的新变化，田儒兵激动不已。田儒兵还带头搞起了品改，仅一亩地产值就翻了7至8倍，田儒兵致富奔小康的信心更足了。

听说田儒兵回乡种植水果脱贫致富了，村里年轻人纷纷回乡创业，很多村民走出村子"飞地发展"，带动周边村镇产业发展。

刘小明也在其中。这几年，刘小明通过回乡创业，成了村里产业大户。"一年收入二十来万元，还能照顾老人小孩，不比打工差。"刘小明笑了笑。

为了让村里水果产业立于不败之地，村民们把目光瞄准市场，不断引进良种、更新换代，先后引种蜜橘、椪柑、蜜柚、猕猴桃等。

村里引种猕猴桃"第一人"丁清清，这几年，通过自己多年反复进行"土实验"，在"米良一号"猕猴桃上发现了一株芽变，通过选育，成功培育出无籽猕猴桃，实现了菖蒲塘村从过去引种到选育自己新品种的发展转变。目前，该品种已获得国家植物新品种保护权，在湘西州推广3000多亩。"人无我有，人有我优，人优我转，才能永远领跑。"丁清清说。

水果产业发展壮大，还带动了村里的育苗产业，现在菖蒲塘村每年繁育苗木 800 多亩，年产值 2700 多万元，苗木成为村里的一个特色支柱产业。

如今的菖蒲塘村，家家有果园，户户有苗圃，人人会种植，个个懂技术，果园遍地，楼房林立，小小水果成为村民们脱贫致富的大产业。

从卖水果到精深加工品　产业发展实现"加速度"

在大力发展水果产业的同时，菖蒲塘村坚持科技创新，实现了从卖水果到卖技术、卖精深加工品的转变。

在村农产品展示中心二楼，已经挂牌成立的专家工作站、科技小院格外引人注目。

"引进湖南农业大学、湖南省农科院联系菖蒲塘村，组建专家团队，在绿色种植、技术攻关、产品加工、品牌推广等方面为我们提供技术指导。"菖蒲塘村综治民生专干田顺新说，湖南农业大学还选派 5 个研究生常驻菖蒲塘村开展课题研究，通过建立专家工作站、猕猴桃科技小院，带动全村水果产业向规模化、绿色化、产品化发展。

在省级专家指导下，村里加大水果品改和提质，先后建成了蜜柚提质增效示范园、猕猴桃提质增效示范园、智慧产业园，逐渐树立了菖蒲塘村特色水果品牌。村里还加大本土人才培养，成功培育出一批"土专家""田秀才""土博士"。其中，有中级农技师职称 21 人、初级农技师职称 48 人，还有 2 户被评为省级科技示范户。

村民田茂华就是其中之一。靠着脑瓜子活、肯钻研、技术好的本领，田茂华被聘到贵州、重庆等地担任技术顾问。"专车接送，一个月跑两趟，月薪3000多元，农民也能领工资，想都不敢想！"说完，田茂华哈哈地笑。

一把嫁接刀，凭借高超的苗木嫁接技艺，菖蒲塘村女子嫁接队常年奔走在陕西、四川、重庆、湖南等地，开展苗木嫁接技术服务，队伍从最初的16人发展到200多人，年创收入1000多万元，成为菖蒲塘村科技输出的一张靓丽名片，被大家亲切地称为"致富娘子军"。

为了提高农产品附加值，村里引进湖南省龙头企业周生堂公司、凤凰县井泉食品公司进行合作共建，走农产品深加工路子。周生堂公司把猕猴桃、柚子基地建在村里，利用公司生产线对村里猕猴桃、柚子等水果实行保底收购，直接加工成蜂蜜柚子膏和猕猴桃果脯，井泉食品公司加工生产菖蒲塘品牌水、菖蒲塘猕猴桃汁、菖蒲塘柚子汁等产品，推动一二产业融合发展。

"欢迎大家品尝我们的蜂蜜柚子膏，这是用柚子皮加茯苓、蜂蜜熬制而成的，非常好喝！"在菖蒲塘村农产品展示中心，身穿红色苗服的李丽贞一边给客人端上泡好的蜂蜜柚子膏，一边忙不停地介绍。客人们喝了都夸赞说好喝，有的干脆现场打包买走。

"通过深加工，我们把柚子皮变废为宝，卖出了蜂蜜的价格！"菖蒲塘村党委书记、周生堂公司董事长周祖辉说，村里成功创建湘西州级返乡创业园，一大批农产品加工、旅游、服务、电商等企业加入园区发展，推动了农副产品深加工、销售，进一步丰富产业发展链条。

产业链条丰富了，市场也要跟得上。大学生村主干向黎黎，大学毕业后便回到村里带头发展电商，利用网络平台销售本村水果苗木。在她的带动下，

菖蒲塘村柚子喜丰收，村民正在采摘甜蜜的果实（吴东林 摄）

全村现有50多名年轻人发展电商销售水果苗木发展致富，他们不仅销售本村的水果苗木，还为周边村镇、县市销售大量水果，带动大家共同发展致富，年创收入800多万元。

从卖水果、卖苗木、卖技术到卖精深加工品，菖蒲塘村靠发展水果产业带动脱贫致富奔小康的路子越走越宽阔。"我们很好地落实了习近平总书记提出的依靠科技、开拓市场、做大做优水果产业的重要指示精神，走出了可复制、可推广的特色发展之路！"周祖辉表示。

从硕果满园到游人如织　农旅融合激活发展新动能

"菖蒲塘村距凤凰古城景区 7 公里、大熊猫苑景区 1.5 公里、长潭岗景区 2 公里，是凤凰县乡村游黄金北线的重要连接点，同时坐拥国家 3A 级旅游景区飞水谷，旅游资源丰富，区位优势明显，走农旅融合发展之路，以农促旅、以旅带农是必然趋势，也是未来出路。"廖家桥镇党委书记吴颜森说，近年来，村里依托丰富的文化生态旅游资源、区位优势、产业园区，大力发展红色旅游、采摘体验游、休闲观光游、研学游，农、旅、研、学一体化发展初步形成。

在村部停车场，一辆接一辆满载旅客的大巴车来回奔忙，一波接一波的参观考察、旅游、学生研学等团队来到村里，大家循着习近平总书记视察足迹，一边参观考察，一边交流学习产业发展经验，一派生机勃勃景象。

"一天要接待二十多个团队，忙不赢。"省派驻菖蒲塘村选调生邓志诚一边耐心地给大家讲解，一边擦拭额头上的汗珠。

在菖蒲塘村农产品展示中心，来自全国各地的旅游团队品尝蜂蜜柚子膏，选购当地农特产品，一派忙碌景象。工作人员滕建秀一边帮客人讲解，一边给客人打包特产，忙得不亦乐乎。

在菖蒲塘村境内的飞水谷景区，百米瀑布悬空高挂，瀑布群错落有致，两百多米高的观光电梯建成即将投用，更是吸引了众多游客观光拍照。在蜜柚、柑橘观光采摘体验园，一串串黄澄澄、金灿灿的柚子、柑橘挂满枝头，吸引了来自全国各地的游客和本地市民争相来到这里打卡、拍照、直播、采摘。

村民通过直播销售猕猴桃,把家乡的甜蜜果实带给全国各地(吴东林 摄)

村里人气旺了,产业发展路子就更宽了。菖蒲塘村集体经济合作社还把红色元素与美丽乡村建设相结合,将寨子长期闲置的石头房子进行盘活利用,开发成红色农家院,聘请本地村民当厨师、服务员,帮助农户收购蔬菜、家禽当食材,为游客及党建团队提供餐饮服务,先后与43户村民建立利益联结,带动村民就业增收和农产品销售,壮大了村集体经济。

为了做大农旅产业,村里新建了乡村影院、乡村振兴展览馆,优化参观考察精品线路,打造现场教学、音频教学、微党课等"三大课堂",还入选了全国建党百年百条红色旅游精品线路、湖南省党员干部教育培训现场教学点。

8 甜蜜"湘"村:菖蒲塘村的小康路

菖蒲塘村党委书记、村委会主任周祖辉和村民们高举"甜蜜"果实

"果园变游园,村庄变景区,乡村旺起来了,村民腰包鼓起来了。"菖蒲塘村党委书记周祖辉表示,下一步,菖蒲塘村将遵循习近平总书记重要指示精神,加大特色水果产业发展,做好农产品精深加工,推动一二三产业融合发展,让村民"富"起来,村民"和"起来,村庄"美"起来。"我们的目标是把菖蒲塘村打造成为新时代红色地标和全国乡村振兴示范村!"周祖辉表示。

(唐金生 邓志诚/文)

乡村振兴的领路者

2023年10月30日上午，家住菖蒲塘村长坳片的村民梁立军一大早就往梁立成家赶去。听说村里其他片区搞猕猴桃品改成功，梁立军要赶去跟梁立成商量，看年底能不能发动梁立成把自家老果园品改一部分。

今年73岁的梁立军是梁立成的叔伯"大哥"，也是老党员，按村里党建互助五兴要求，梁立军要负责带动梁立成等五户村民发展。

2013年，习近平总书记来到村里考察调研时，曾经勉励大家"好好干，有奔头"。十年来，菖蒲塘村牢记习近平总书记的嘱托，以党建为引领，以基层党组织带头、结对互助、示范带动等为抓手，凝人心聚合力，推动菖蒲塘村在全国乡村振兴中走在前列。2021年，菖蒲塘村党委被中共中央评为"全国先进基层党组织"。

菖蒲塘村开展传达学习中共二十大精神院坝会

基层党组织发挥"主心骨"作用　示范带动谋发展

在王安全家的水果母本园里，八九个新品种的柚子、柑橘和猕猴桃苗木长势旺盛，再过个把月即将上市。72岁的王安全和老伴拿着剪刀，仔细翻看打理，丰收的喜悦写满脸上。

王安全是菖蒲塘村原党支部书记，也是村里的产业发展带头人。上世纪80年代，为改变村里面貌，王安全带着村党支部成员走出村子，考察市场，学习种植技术，引种水果。张胜、田祖华、田宏胜等党员以及丁清清、丁子龙、田春等群众被发动起来，先后种植西瓜、蜜橘、椪柑、猕猴桃、蜜柚等水果，一步步将水果产业发展起来。

"粮食不种种水果，能当饭吃吗？"发展初期，大家思想观念还没有转过来，许多村民不理解，有的村民不支持，还有村民持观望态度，梁立军就

第一章　十年山乡巨变，菖蒲塘村的幸福画卷　11

是其中之一。

为了打消村民疑虑，王安全把自己的田地搞成试种场、母本园。经过试种，很快尝到甜头，王安全、丁清清等成了村里首批"万元户"。见村民跃跃欲试，王安全发动村党支部成员带头种，并给村民赠送猕猴桃和蜜柚苗木，让大家跟着种。

当初持怀疑态度的梁立军第一个跟着种水果。2016年，梁立军家种的猕猴桃、蜜柚等扩大到近15亩，盖了楼房，买了小车，成功脱贫。梁立军还带动长坳片区的村民种植猕猴桃2000多亩。

梁立成就是梁立军带动发展起来的。梁立成过去是村里典型的贫困户，妻子患病、家住危房、缺技术、缺劳力。

在梁立军的带动下，梁立成通过发展水果产业成功摘掉了"贫穷帽"。2023年，梁立成家猕猴桃产业面积发展到8亩多，加上村里提供的公益岗位、周边临时务工，一年收入最少有6—7万元。

王安全说，在脱贫攻坚与乡村振兴中，菖蒲塘村的党组织发挥了"主心骨"作用，带领村民大力发展产业，并把懂技术、能经营、善管理的种养大户培养为党员。现在村里已成立党委，党员发展到106名。"让党员干部在产业发展中示范带头，带动大家共同发展致富。"王安全表示。

靠着党组织发动和党员带头示范，全村户户有产业、人人懂技术，全村共发展产业面积8000亩，村民们靠种植水果苗木脱贫致富奔小康。

产业党小组发挥"带动"作用　结对互助齐发展

在菖蒲塘村党员示范果园基地，田香群、雷志平、龙桂英、杨丽群等7名妇女正在交流嫁接技术。每年冬季，她们都要外出到各地嫁接果树。

"一年要出去几趟，远到陕西，近在周边县市。"田香群说，大家农闲时都一起交流嫁接技术，现在个个懂技术、人人会嫁接，大家组建女子嫁接队，提供果苗嫁接服务，自己因为嫁接技术好，性格开朗，被选为女子嫁接队队长。

雷志平是女子嫁接队成员，初嫁到菖蒲塘村时，穷得连一双凉鞋都买不起。为了帮助雷志平发展，田香群多次鼓励雷志平跟自己学嫁接。如今，雷志平凭借一手嫁接技艺，跟着嫁接队成员一起走南闯北赚大钱。

"不怕没钱赚，就怕没有活做！"雷志平感叹，通过嫁接，生活一天一个样。

田香群说，通过互帮互助，女子嫁接队不仅提供果苗嫁接技术服务，实现技术输出，还把市场供求信息带回村，推动全村水果产业转型升级。

为了强村带动弱村，2016年，凤凰县委将菖蒲塘村与周边马王塘村、长坳村、樱桃坳村合并，成立新的菖蒲塘村。并在原有4个村党支部的基础上，创造性成立水果产业、旅游产业、女子嫁接队、周生堂公司4个功能型党支部，以及旅游服务、产业技术服务、柚子产业、猕猴桃产业4个产业党小组。推行"互助五兴·五个到户"基层治理模式，全村共成立学习互助、生产互助、乡风互助、邻里互助、绿色互助5类互助小组102个。

周祖辉是周生堂公司董事长，2019年，被选入村委会班子。他牵头成立了蜂蜜专业合作社，建了猕猴桃果脯、蜂蜜柚子膏生产线，与村里果农建立合作关系，收购他们的猕猴桃和柚子，帮助村里拓展了产业发展链条，带动村里一二三产业融合发展。他每年帮助果农收购水果 800 多万斤，直接间接带动 1100 多人就业。

"老书记（王安全）带领大家发展水果第一产业，我带动大家发展第二、第三产业！"周祖辉说。

党群连心发挥"联动"作用 携手共建乡村兴

在生态水果产业基地，党员蜜柚示范园、党员猕猴桃示范园随处可见，避雨大棚、智能系统、肥水一体化设施遍布其中，绿色化种植、精细化管理，成为带动村民品改提质的示范。

"建党员示范园，带动村里水果产业走规模化、绿色化发展之路，树立全村特色水果品牌！"菖蒲塘村党委副书记滕建平说，这几年，通过建党员水果示范园，示范带动了全村水果产业发展，以党建为引领，统筹推进产业发展、组织建设、乡村振兴等方方面面都取得显著成效，以基层党组织带动、党员带头、党员群众携手发展致富的局面已经形成，基层党组织的公信力、战斗力、向心力大幅提升。

为了充分发挥党建引领作用，村里还把党建引领融入到全村基层治理、人居环境整治、乡风文明建设中，党员示范、群众参与，大家共建共治。

2022 年，村内推进人居环境整治，要拆除违建、危房、空心房，一些村民不理解，持反对意见。王邦忠、田双全、周祖德、梁立军等一批党员干部

菖蒲塘村党群服务中心（吴东林 摄）

带头拆除自家违建钢架棚、违建房，进行绿化美化，并发动身边亲朋好友参与村里环境整治。在他们的带动下，村民们转变观念，主动参与进来，自发组建能工巧匠队、建筑队、清洁队，绘制文化墙、栽花种树、平整土地、清理垃圾，共建共治，村容村貌焕然一新。

如今的菖蒲塘村，在党建引领下，果园满坡，村庄如画，群众安居乐业，呈现出欣欣向荣的新景象。

（唐金生　邓志诚 / 文）

和美乡村新气象

十月的菖蒲塘村，天蓝水绿，蜜柚、猕猴桃果树种满山坡，村头村尾干净整洁、果实飘香、村庄如画，一幅和美乡村的幸福画卷正在徐徐展开，这是菖蒲塘村推进乡村治理取得成功的一个生动缩影。

十年来，菖蒲塘村以推进乡村治理助推产业高质量发展为重要举措，以坚持建整结合、共治共享、数字赋能为载体，大力推进乡村治理迈上新台阶、开创新局面，被评为全国乡村治理示范村。

建整结合　乡村"美"起来了

在连接村部停车场至生态水果产业基地到飞水谷景区的参观考察精品线路上，村党委书记周祖辉正在给老挝地方政府中高级干部湖南研修班的学员们讲解村里产业发展故事。

万吨级污水处理厂建成投用，群众生活污水实现集中收集、统一处理

"习近平总书记来村里考察调研时，这里还是一条砂石路，现在变成了沥青路，成为全国百条红色旅游精品线路，变化大得很咧！"周祖辉一边讲解一边感叹。

为了推进和美乡村建设，十年来，菖蒲塘村大力实施路畅、净水、设施功能完善"三大工程"，完善交通路网，新建村组道路、果园游步道、旅游观光道路和旅游停车场，交通路网实现通畅通达。建成投用万吨级污水处理厂，群众生活污水实现集中收集、统一处理。完成村庄亮化、改厕工程，自来水入户率达100%。新建涵盖乡村影院、农家书屋、乡村振兴展览馆、电农产品展示中心、便民大厅、多媒体会议室等功能完善的新村部。推进人居环境整治、特色民居改造，打造最美庭院、最美农家，乡村"颜值"大幅提升。

第一章　十年山乡巨变，菖蒲塘村的幸福画卷　17

将寨子长期闲置的石头房开发成红色农家院，带动当地村民就业

在村红色农家院餐馆里，党建团队和游客一波接一波，村民龙建国、李霞夫妻俩一人忙着炒菜，一人忙着招呼客人入坐。

"厨师、服务员全是本村村民，食材均由村民自种自养。"纪检专干龙建效说，在推进人居环境整治工作中，村里将红色元素与美丽乡村建设相融合，由村集体经济合作社领办，把寨子里长期闲置的石头房盘活利用，开发成红色农家院，为全国各地的党建团队、研学团队和游客提供餐饮服务，成为了一道亮丽的风景。"留住了乡韵乡愁，带动村民就业增收和当地农副品销售，壮大村集体经济。"龙建效表示。

菖蒲塘村还生动践行"绿水青山就是金山银山"发展理念，推进果树品改提质、土壤改良和荒漠化治理，全村发展生态水果产业面积8000多亩，建成蜜柚、猕猴桃品改和提质增效示范园 2000 多亩。发动农户参与美丽乡村建设，绘制文化墙、安装篱笆围栏、栽花种草，建设美丽庭院，提升村居"颜值"，乡村美了，村民们的幸福感、获得感也满满。

共治共享　乡村"和"起来了

在村积分超市，村民田茂燕正在兑换积分。凭着三十多分积分，田茂燕免费兑换了一包洗衣粉和一根牙刷。

"不花一分钱，就能免费领取生活用品，划算哩！"双手捧着兑换来的物品，田茂燕连连称赞。

为了带动村民参与乡村治理，十年来，村里大力推行党组织积分制和互助五兴积分制管理，将党员、群众发挥带头作用，参与公益事业，支持配合村两委工作等纳入积分制管理，进行打分，并根据积分免费到村里的爱心超

村民到爱心超市用积分兑换生活用品

市兑换生活用品，极大提高全村党员干部群众参与村庄建设、村子治理的积极性、主动性，全村形成共治共享的浓厚氛围。

"过去村支两委带头干，村民在后面观看，现在党员群众一起干，大家合力建设自己的家乡！"大学生村主干田志阳表示。

村里还大力推进网格化治理，在全村配齐配强23个网格长、30个中心户长，实现网格化管理和网络监控全覆盖。建立村巡防队伍、村级调解委员会等基层组织。推进"四爱五讲""互助五兴"，开展"户帮户、亲帮亲"活动，全村共成立互助小组102个，涉及612户2754人。成立菖蒲塘村人民调解委员会，创建"为村平台"，聘请村法律顾问1名，聘请10名乡贤为村级治理顾问，实现了基层治理精细，做到了小事不出网格、大事不出组、难

村容村貌焕然一新

事不出村，村庄治理幡然一新。

"大家互帮互助，共治共享，共同发展致富。"菖蒲塘村党委副书记滕建平表示，如今菖蒲塘村发生翻天覆地的变化，村民们比学赶帮，学科技、用科技发展致富，村庄"美"起来了，村民"富"起来了，治理"和"起来了。

数字赋能　乡村"强"起来了

"这里是禁水区域，严禁下河洗澡，请尽快离开！"在樱桃坳水库，一靠近水库边上，喇叭就会自动地发出警报。

近年来，村里加大数字乡村建设，先后建设"村村响"广播、数字乡村云平台。通过"数字乡村"云平台，将大数据、云技术等现代互联网+AI运用到村级基层综合管理，对全村23个网格实现精细化管理、工作任务一键式派单，对平安建设、道路交通、山塘水库、森林防火全天24小时监控，实现政府、村委事务与村民共享，打通政务服务最后一公里。

"及时发现问题，及时处置，提升治理效果，便捷得很呦！"综治民生专干田顺新感叹说。

"不用骑摩托车到处跑，每个月油费省下好几百元呢！"提起数字乡村带来的便捷，村主干们无不感慨。

在发展产业上，村里也积极探索数字化、智能化管理。在智慧农业示范基地，一块显示有土壤酸碱性、气候、风向、水分数字的液晶屏格外引人注目。

菖蒲塘村"数字乡村"云信息中心、积分超市

"这是省农科院帮助建设的远程科技服务平台，通过传感器，适时监测果园土壤微量元素、水分湿度、酸碱性等，并第一时间传输到省农科院专家手中，专家再根据这些数据及时对果农进行精准指导。"菖蒲塘村党委书记周祖辉介绍，通过远程科技服务平台，推动了产业向规模化、智能化发展。

"数字化管理融入了我们的新生活，让我们感受到了数据时代的便捷！"周祖辉说，下一步，还将开通数字乡村电商平台，借助线上平台，对村里特色产业、农副产品进行线上推送，拓展全村特色产业的销售渠道。

（唐金生　邓志诚/文）

幸福像果子一样成长

走在凤凰县廖家桥镇菖蒲塘村，只见漫山遍野的果园、素朴清洁的街巷院落、赫然醒目的文化墙、精神饱满的村民、热情服务的志愿者，好一幅乡村幸福画卷。

十年来，菖蒲塘村以发展水果产业为重点，以文明实践为抓手，以文明共建为引领，以互帮互助为载体，培育践行社会主义核心价值观，涵养乡风文明，乡村精神风貌、人民群众精神面貌焕然一新。

培育弘扬凝魂聚气　核心价值观深入人心

"我们要爱国，要敬业，要讲诚信，邻里之间还要团结友善，更要有家乡和集体荣誉感，大家的心才能更好地凝聚在一起，共同把我们村建设的更加美好！"在菖蒲塘村村民田小军家的院坝里，村党委副书记滕建平利用农忙闲暇时间用当地"乡音土话"给村民们宣传社会主义核心价值观知识。

交通路网四通八达

"核心价值观是一种思想共识和追求,只有不断宣传教育,才能潜移默化到我们的日常生活中,形成全体村民的自觉共识和共同追求。"滕建平说,乡村要发展,关键在于人的思想观念转变,心往一处想,劲才能往一处使,像这样的院坝会,村里每个月都会开展至少1次以上。

十年来,菖蒲塘村坚持把培育和践行社会主义核心价值观作为一项重要工作来抓,结合新时代文明实践,把培育和践行社会主义核心价值观融入到精准扶贫、乡村振兴工作中,组建志愿服务队伍,宣传宣讲新思想、党的方针政策,开展志愿服务活动。创新宣传培育载体,通过绘制文化墙、制作宣传标语、建设党建学习书屋，大力弘扬社会主义核心价值观，凝聚村民共识，形成发展合力。

村里的乡村影院是全县建成的首家乡村影院，每天晚上7点半，县里的电影公司工作人员都会准时在这里为村民免费播放教育影片等，一天两场，天天不间断，全面培育和践行社会主义核心价值观，深受当地干部群众好评。

"通过观看教育影片，村民们的思想得到了洗礼，认识更高了。"菖蒲塘村卫计文教专干田慧说，在观看影片中，村民们增强了对党的历史、对革命事业和社会主义事业的了解，增进了大家对党和国家事业的政治认同、思想认同、理论认同和情感认同，坚定了理想信念。

在此基础上，村里大力实施"四爱五讲"新型农民培育工程，引导培育农民爱党、爱国、爱家乡、爱劳动和讲科技、讲法律、讲卫生、讲诚信、讲公德；成功选出田香群、田小军、田茂华等一批先进典型，引导村民自觉艰苦创业，形成比学习、比勤劳、比奉献、比诚信的浓厚氛围，让社会主义核心价值观深入人心、融入血脉，转化成为全村村民的群体意识和自觉行动，成为推动产业发展、脱贫致富的强大内生动力。

"民心齐了，产业兴了，村庄美了，大伙的日子越过越有奔头！"村民们这样说。

文明创建引领新风尚　　乡风文明蔚然成风

在古塘组文化活动广场，刚吃过晚饭的艾松莲，就从家里拖来了音响，站在广场中间扯着嗓子喊："跳广场舞来哩！"

党员志愿服务队向群众宣传法律、科技知识

一会工夫,村里十几名妇女就齐聚在广场上,摆起了阵型,艾松莲站在队伍前面领舞,大家一起跟着动感的音乐,欢欢乐乐地跳起了广场舞。

"过去吃过晚饭就休息了,为生活发愁,现在生活好了,大家精气神上来了,日子有奔头了,生活更加丰富多彩!"艾松莲一边跳一边感叹。

"她不在,大家没有味道,艾姐一回来,村里就热闹哩,大伙都喜欢跟着她跳广场舞!"大家你一句我一句,有说有笑,都在诉说着这个小山村人民群众生活的新变化。

十年来,菖蒲塘村大力推动乡风文明建设工程。弘扬传承耕读传家、孝老爱幼等优秀传统文化,开展社会公德、家庭美德、个人品德宣传教育,评选表彰"身边好人""最美平安家庭""十佳致富能手""好婆婆、好儿媳",树标立杆。成立红白理事会、道德评议会、村民理事会、禁毒协会等"四会"组织。推进移风易俗,破除陈规陋习,全村形成了"管理民主、民风淳朴、团结友爱、摒弃陋习、新风兴起"的文明新风尚。

在文明新风推动下,全村掀起了学科技、懂科技、用科技的热潮,涌现出了王安全、丁清清、田儒兵、田茂华、田香群和女子嫁接队、电商青年军等一批致富带头人、致富能人和示范典型。女子嫁接队凭借高超的苗木嫁接技艺,挺起了乡村振兴"半边天"。

菖蒲塘村还充分发挥文化广场、农家书屋、科技小院、村史馆等公共文

农闲时节,群众自发来农家书屋学习

化资源，组建花鼓队、舞蹈队、文艺演出队，开展广场舞大赛、举办乡村春晚、送戏下乡。以菖蒲塘为源泉，开展舞台剧《菖蒲塘村喜事》《菖蒲塘的春天》等文艺创作，由村民自导自演，生动展现了菖蒲塘村民们艰苦创业过上新生活的精彩故事，乡村精神风貌、村民精神面貌显著提升。

户帮户亲帮亲　共同致富形成共识

为了打通宣传群众、服务群众"最后一公里"，菖蒲塘村成立了新时代文明实践站，组建党员志愿服务队、金喇叭志愿服务队、金剪刀志愿服务和蜜柚、猕猴桃产业志愿服务队等9支具有本土特色志愿服务队伍和学习互助、产业互助、乡风互助、邻里互助、绿色互助"五类互助"小组102个，大家户帮户亲帮亲、互帮互助，共同发展致富。

杨丽群是金剪刀志愿服务队的成员，2013年与丈夫田儒兵从上海返乡创业，刚开始不懂嫁接。为了带动她一起发展，队长田香群发动姐妹们手把手教会杨丽群嫁接技术，带她一起走南闯北帮别人嫁接果树苗木。现在，杨丽群一分钟嫁接三四株苗木，成为该志愿服务队的中坚力量。

"全靠大家传授嫁接技术，现在我也吃上了技术饭。"杨丽群自豪地说。

家住田香群家对面的雷志平嫁到村里时，家里穷得连一双凉鞋都买不起，在队长田香群的带领下，学会了嫁接技术，摘掉了贫穷帽子，盖起了新房子，过上了幸福生活。

在户帮户、亲帮亲带动下，金剪刀志愿服务队从最初的16人发展到现在的247人，成为群众脱贫致富路上名副其实的"金剪刀"。

在互助小组中，村民们围绕学习新思想、科学技术、产业发展、法律知识等内容，开展互帮互助，相互指导、相互学习、相互影响、相互带动，菖蒲塘村产业发展面积从2013年的1750亩扩至2023年的8000亩，十年翻了4.5倍。

省级龙头周生堂公司直接把蜜柚、猕猴桃等基地建在村里，对农户蜜柚、猕猴桃实行保底收购，加工成蜂蜜柚子膏、猕猴桃果脯，带动部分农民走向了深加工致富的道路，推动菖蒲塘村产业发展再上新高度。

村民田儒兵、田顺新带头进行猕猴桃果树品改取得成功后，免费向全村提供新品种枝条、苗木，带动全村猕猴桃产业品改和提质。

周祖辉向全国脱贫攻坚交流基地建设及国际传播能力提升培训班成员介绍菖蒲塘村经验

"全村没有一个懒汉，村民个个勤劳致富，互帮互助，共同发展、共同致富的共识已经形成。"党委书记周祖辉表示。

(唐金生　邓志诚/文)

第二章

"乡村振兴"的带头人

如今的菖蒲塘村，百果园里幸福长，在一位位"乡村振兴"带头人的引领下，努力打造全国乡村振兴示范村。

王安全：产业发展领头雁　带领乡亲奔富路

王安全，土家族，1951年出生，菖蒲塘村原支部书记。初中毕业后在家务农，担任过大队宣传员、广播员、会计、村主任，曾在村里干了9年种植技术员。2011年至2017年，担任菖蒲塘村党支部书记，是菖蒲塘村水果产业发展的领军人物。2016年，荣获湖南省"百名最美扶贫人物"，2021年，被党中央、国务院授予"全国脱贫攻坚先进个人"称号。

上世纪八九十年代，为改变村里贫穷面貌，王安全带领村党员、村主干带头走出村子，跑浙江、河南、福建、安徽等地，学习技术，寻找发展门路，率先在全县引进水果种植。为预防失败，王安全提出，"长短结合、以短养长"，先种短期作物，再种长期作物，以短期作物收入养长期作物。1982年，菖蒲塘村开始试种西瓜、扫把草、葫芦等见效快的短期作物。当时，王安全父亲不同意改种，但为了给大伙做带头示范，他毅然决然地把自家的稻田变成了试种场，谁知，首次小范围试验竟成功了，这成为王安全大胆探索产业发展路上的基石。

短期作物取得了第一阶段的胜利。1985年，菖蒲塘村从浙江宁海引进了官川蜜橘。蜜橘挂果后，一亩地可赚2000多元，而当时一亩水稻的毛收入才700多元钱。

为防止单一品种带来的市场风险，菖蒲塘村不断学习，不断进行品种改良，调整水果品种。1988年引进湘西椪柑，1996年引进吉首大学科研成果米良1号猕猴桃，每公斤价格高达9—10元，2002年引进福建平和琯溪蜜柚，2007年引进四川广元苍溪红心猕猴桃，前后引进了12个品种的果树。从1996年开始，村里开始大面积种植猕猴桃，村民们的荷包也渐渐开始鼓起来了。

在王安全的示范带动下，菖蒲塘村种植水果规模越来越大，越来越多的村民靠种水果过上幸福生活。

当初持怀疑态度的梁立军第一个跟着种水果，2016年，梁立军家种的猕猴桃、蜜柚等扩大到近15亩，盖了楼房，买了小车，成功脱贫。梁立军还带动长坳片区的村民，共种植猕猴桃2000多亩。

2013年11月3日，习近平总书记来到湘西视察，第一站就来到菖蒲塘，时任菖蒲塘村党支部书记的王安全一路陪同讲解，还同习近平总书记握了手，总书记嘱托王安全和乡亲们要"依靠科技，开拓市场，做大做优水果产业，加快脱贫致富步伐"。

十年来，王安全和乡亲们一直牢记总书记嘱托，立足水果业，通过党建引领，科技指引，市场铺路，不断做大做优水果产业，加快脱贫致富奔小康步伐。截至2022年底，全村特色水果种植面积7200亩，产业发展面积8000亩。全村人均可支配收入从2013年的6121元增至2022年的30392

菖蒲塘村原支部书记王安全现场传授嫁接技术

元。王安全本人荣获"全国脱贫攻坚先进个人"荣誉称号，菖蒲塘村成为"全国扶贫交流基地"，荣获"全国先进基层党组织"荣誉称号，菖蒲塘村脱贫攻坚、产业发展及乡村振兴工作成为全国样版，多次被人民日报、中央电视台、新华社等媒体向全国宣传推介。

如今，王安全已经从菖蒲塘村党支部书记岗位上退休下来，但他仍坚持引种、试种，为村里水果产业发展贡献余热，目前，由他引种的黄金柚已开始在全村推广。

（唐金生/文）

唐金生：第一书记的"治村秘籍"

四月，草长莺飞，菖蒲塘村猕猴桃基地里，驻村第一书记唐金生身穿劳动布、脖挂白毛巾、脚踩泥土，和育苗的村民谈论着猕猴桃繁育关键。

工作干得好不好、卖不卖力，村民心里头敞亮得很。提起唐金生，村里人都会讲："别看年纪不大，治村真有几把刷子。"

"啃老"

"丁老，这次村里的产业座谈会上，您可要多指导年轻种植户啊。"只一听，正在翻新土地的农民专家丁清清就知道唐金生又来寻他商量"传帮带"的事了。

"我都70多岁了，你真是'啃老'。"看似责怪的丁清清心里头答应，"扶上马送一程"。

第二章 "乡村振兴"的带头人 35

菖蒲塘村驻村第一书记唐金生在农户家中座谈

两人对上眼，笑成弥勒佛。

唐金生"啃老"，菖蒲塘村人不仅不反感，还竖大拇指。为何？

少地、缺水的菖蒲塘村曾是附近有名的穷沟沟，村里家家户户过得拮据。

日子过得苦，思变才有路。

上世纪80年代，菖蒲塘村开始发展水果产业，通过近40年的长期实践创新，总结掌握了水果种植、管护、嫁接技术，也锻造了一批"土专家""乡秀才""田博士"。

几十年过去，走南闯北学技术、育新品、拓市场的志气青年鬓边爬上白发，虽然年纪大，但思维能力、干事激情不输年轻人。

来菖蒲塘村后不久，唐金生暗暗发力，吃"老本"，让老一批能人成为"火车头"，带动新生代在乡村振兴的道路上奔跑。

唐金生把老人家当"老祖宗"这事，丁清清有话讲。

丁清清脾气"倔"，几十年如一日脚踩泥土里，身"扑"研发上。无需人工授粉、口感更好、市场价更高的翡翠香果无籽猕猴桃研发5年终获突破，却因未取得认证而无法宣传推广。

老专家提起来的心气儿不能灭！

唐金生四处奔走，请来中央、省级、州级媒体对新品种进行宣传，还帮助其进行新品种认证。

2022年，"翡翠香果无籽猕猴桃"成功获得农业农村部颁发的植物新品种权证书，2024年，还被省农业农村厅列为省农业主导推广品种。

"欠"了大人情的丁清清不仅研发劲头更足了，还充分发挥技术优势，通过"传帮带"培养出了50多户水果种植大户。

如今，在老一批技术"土专家"的领头下，菖蒲塘村有省、州、县级科技示范户270户，中初级农技师69人，83人获得国家农业农村部定制、凤凰县农业农村局颁发的新型职业农民证书。

"吵架"

村党委副书记王邦忠感慨，"唐书记看起来斯文，可骂起人来真有一手"。

这"骂"不是一般"骂"，这骂能使他从上班"懒汉""不接电话"转变为村里"勤务兵"。

早些年，王邦忠也曾"风光"过。

作为首批走南闯北为老百姓开拓猕猴桃市场的热心肠，他曾是大家放在"心尖尖"上的人。

"当年村里推选组织专干，600多人参与投票，我得500多票哩。"2016年，菖蒲塘村与周边3个村合并，成立新的菖蒲塘村。刚开始王邦忠仍干劲满满，但由于是合并村，村两委凝聚力不够强，他也失去了干事创业的激情。

基层工作的关键之一就是抓好党建、抓好人。用唐金生的话说："火车头抓好了，方向也就自然顺着轨道走了。"

为此，担任第一书记后的首个月，唐金生特意了解了每个村主干的脾性、群众基础、优点长处，想办法让每个人在各自负责的板块上发光发热。

唐金生同农户一起劳动

第一次村两委会议，缺席的王邦忠还未发光，就被发火的唐金生狠狠"教育"了一番。

"想工作队做事吗？"

"想工作队帮忙发展吗？"

"身为村主干要不要帮老百姓做事？"

灵魂三问"骂"得王邦忠无地自容，第二天便出现在岗位上。

点醒还不够，得让他重拾干事创业的激情。

"菖蒲塘村是全镇首个推进人居环境整治的村，唐书记相信我，让我负责这项工作。拆除难度大，违建花费多，村民意见大，他全程支持指导，带领我们一户户上门动员解释。"王邦忠没想到，自己能把工作完成得如此出色，2022年，全州人居环境整治现场会在菖蒲塘村召开，他还因此被评为全镇优秀党员。

纪检专干龙建效也曾纳闷，工作上有分歧时，个子不高的唐金生总能吵赢。后来他恍然大悟，那是因为唐金生的出发点始终是"为了村里"。

"我负责将老百姓危房盘活为红色农家餐馆，唐书记要求一天一个改造进度，压力很大，因为改造细节和他争吵过两次。"吵归吵，整个夏日，俩人都泡在工地上。

他们还一起给红色农家院取了几个充满朴实力量的名字："思源厅""振兴厅""致富厅"，深情表达了菖蒲塘村人民感党恩、听党话、跟党走的决心。

2022年9月，农家院正式开门营业，看着游客竖起的大拇指，龙建效心满意足，笑成了牵牛花。

在唐金生的带动下，菖蒲塘村基层党组织战斗力、凝聚力显著提升，村党委被中共中央评为"全国先进基层党组织"。

省派选调生邓志诚通过半年锻炼，已经独当一面；大学生村主干向黎黎、田志阳、王妍通过培养变成村优秀"讲解员"，讲好菖蒲塘故事；大户田儒民、田茂华主动递交了入党申请书……

"蹭饭"

唐金生爱"蹭饭"。"蹭"村干部的饭、"蹭"村民的饭，带菜带肉上门"蹭"，"蹭"着"蹭"着心房打开了，关系近了，工作也顺了。

2019年，唐金生作为工作队队员来到菖蒲塘村，后兼任过廖家桥镇林寨村的第一书记，最后又回到菖蒲塘村担任第一书记。

当时，村民对这个年轻的第一书记不太相信："30出头，年轻得很，能为村民办什么事？"

要当好第一书记，得把自己的思维往商人去靠：还能为万众瞩目的菖蒲塘村创造什么发展机会？

好措施、好办法、好思路哪里来？答案是从群众中来。

为此，唐金生开始他的"蹭饭之旅"，村头坐一坐，村尾唠一唠，同群众一起过年，在光棍汉家中吃饭，问计于民也问需于民。

"我从大山走出，又回到大山，我清楚老百姓需要个怎样的第一书记。"唐金生说，需要不让老百姓吃亏的第一书记。

唐金生深入群众中间，倾听群众呼声，为群众办实事解难题

  驻村五年来，他心系村里发展。在林寨村，他仅用 9 个月时间向上争取项目资金完成了村部路、停车场修建，对接县惠农公司收购农户猕猴桃 100 多万斤，解决了十多年村民停车难、村部不通马路难题，村集体经济首次突破 10 万元。在菖蒲塘村，他立足发展壮大水果产业，大力推动一二三产业发展，成功引进国家级优质种苗科研繁育中心落户菖蒲塘；成功创建州级返乡创业园，吸引入园企业 80 多家，把菖蒲塘村打造成为人才"洼地"、创业"热土"；发动农户进行果树品改、实施水果提质增效，树立全村水果品牌；引进当地龙头企业，带动水果深加工，提高农副产品附加值。

唐金生为参观访问组讲解菖蒲塘村发展故事

  村民长期闲置的石头房拆掉了可惜，他便将其改造成红色农家院，聘请的员工都是村民，采购的食材都是农户自种自养的，带动村民在家门口就业增收，壮大村集体经济。

  为让老百姓一年四季都有钱赚，他还推动农文旅融合发展，发展红色旅游、采摘体验游、休闲观光游、研学游，带动当地就业、农副产品销售，壮大村集体经济。2023 年，全村共接待游客及党建团队 14000 多个，共计 43 万人次，实现旅游收入 1.2 亿元，村集体经济创收 305 万元。

  女子嫁接队伍有了，电商队伍有了，技术队伍有了，唐金生又"搭台"，成立农民经纪人队伍，让老百姓在乡村振兴的道路上尽情"唱戏"。

在工作队和村两委的共同努力下,菖蒲塘村斩获多项荣誉,成湖南省巩固拓展脱贫攻坚成果同乡村振兴有效衔接的村级"样本"之一,马达加斯加、乌兹别克斯坦等海内外考察团纷纷来村"学习取经"。

漫长的相处、亲人般的感情,唐金生逐渐成为村民的"自己人"。如今,村民最常说的就是"有困难找小唐"。

"城里来的文化人"终于成了群众口中可靠的"小唐书记"。

(吴宜芝/文)

滕建平：为了乡亲们的幸福生活

从曾经的干旱贫困村到"水果之乡"，从"有女莫嫁菖蒲塘"到人人向往的幸福宜居新乡村，这其中不仅凝聚着习近平总书记的亲切关怀，也蕴含着每个菖蒲塘村人的付出与努力，滕建平就是其中之一。

滕建平是菖蒲塘村的党委副书记，也是村里的产业致富带头人之一。这些年来，为了乡亲们的幸福生活，他全身心投入到工作岗位上，带着村支两委班子跟驻村工作队一起引领乡亲们完善基础设施建设，推进乡村治理，依靠科技人才，不断把菖蒲塘村水果产业做大做优，走出了一条脱贫致富的"甜蜜之路"。

从小学教师到村主干，他永葆共产党员的初心本色

在廖家桥镇，很多年轻人还习惯把滕建平叫"滕老师"，因为除了村干部、致富带头人，滕建平还曾经是一名乡村教师。

1988 年，刚好是乡村教育发展紧缺教师的时候，作为土生土长的村民，滕建平深深地知道："家乡要发展，必须抓好教育，只有人的思想观念转变了，发展才有出路。"从凤凰职业中学高中毕业的他，是方圆十里少有的"高材生"，抱着教育支援家乡建设的最初愿望，他放弃外出工作的机会，毅然选择回到长坳村（菖蒲塘村合并前的一个村）这片养育他十几年的土地。

从 1988 年到 1996 年，滕建平先后在廖家桥镇中心完小、廖家桥镇林寨村小学教书，一支粉笔、三尺讲桌，滕建平一干就是 8 年。8 年来，滕建平把学校当自己的家，把学生当自己的孩子，勤勤恳恳，任劳任怨，认真负责，深受家长和孩子们的爱戴。因为表现优秀，他还多次被选为语文组组长。多年来，滕建平心里一直没有忘记建设家乡这个最初的愿望。

从小村到大村，他始终把乡村发展摆在第一位

因为为人忠厚老实，脑袋瓜子灵活，富有责任心，1996 年，在父老乡亲和村支两委的动员下，滕建平辞去代课教师，选择回到家乡原长坳村代理村会计。

从教师到村主干，岗位变了，角色变了，但是滕建平的初心没有变，他一心想着如何建设家乡。代理村会计后，他迅速进入角色，跟着村支两委班子一起想方设法建设村里。从向上跑项目争取资金完善基础设施，到产业发展，到处都能看到滕建平的身影。

当时，由于缺乏技术、人才，加上村民们的思想观念落后，长坳村产业发展相对比较薄弱，村民们仅靠种植传统水稻、玉米、红薯维持生计，生活相当困难。

而此时的菖蒲塘村，作为长坳村的邻村，发展如火如荼，靠着引种水果、苗木，村民们逐步脱贫致富，过上幸福的生活。

为了带动本村村民发展，滕建平和村支两委班子深入村民家中做思想工作，带领村民们隔三差五就跑到菖蒲塘村"偷师学艺"，学习技术，慢慢带领村民们种植水果，一步步把村民的思想观念从种植传统水稻、玉米转变到发展水果产业上来，部分村民开始通过发展水果脱贫致富。

因为工作突出，1998年，滕建平被乡亲们选任村委会主任，2013年又被选任长坳村党支部书记。

2016年，为了强村带弱村，实现共同致富，县委将原菖蒲塘村与长坳村、樱桃坳村、马王塘村合并，组建新的菖蒲塘村。新的菖蒲塘村成立后，滕建平被委以重任，担任菖蒲塘村村委会主任，四年后，又被选为村党委副书记。

从小村到大村，带着建设家乡的最初愿望和乡亲们的信任，滕建平身上的担子更重、责任更大，跑得也更快了。

牢记殷切嘱托，把菖蒲塘村打造成全国乡村振兴示范村

为了落实好总书记的指示精神，带领乡亲们发展致富。近年来，滕建平带领村支两委跟着工作队一起，牢记总书记的嘱托，带动全村老百姓不等不靠，自力更生，依靠科技、开拓市场，通过提质增效和品改，全力推进水果产业转型升级，做大做优水果产业。发展电商业务，拓展水果网络销售市场。引进省级龙头企业周生堂公司加工生产猕猴桃果脯、蜂蜜柚子膏，引进凤凰县井泉食品公司合作成立菖蒲塘洁华农业，加工生产菖蒲塘水、菖蒲塘果

柚子丰收，甜蜜流淌（吴东林 摄）

汁，发展壮大村集体经济。大力发展红色游、研学游、自然观光游、采摘体验游，深入推进一二三产业融合发展，走出了一条脱贫致富的"甜蜜"之路。

从习近平总书记考察菖蒲塘村至今，全村的产业发展面积、人均可支配收入和村集体经济都有了质的飞跃。

滕建平本人也先后被评为全国优秀退役军人事务站站长、凤凰县劳动模范先进个人。"作为一名党员，就必须冲锋在前，当好村里的守护人。"滕建平表示。

如今的菖蒲塘村，百果园里幸福长，在滕建平和村支两委班子的带领下，正在朝着奋力打造全国乡村振兴示范村目标迈进。

（唐金生／文）

田儒兵：共同致富　共创平安

田儒兵，菖蒲塘村三组人，菖蒲塘村致富创业带头人、菖蒲塘村猕猴桃产品创新的领头人，也是土生土长的菖蒲塘人。1997年外出上海务工，到一家生产电子零件公司流水线上工作，每月工资只有400多元，除去每月寄回家里的钱以外，剩余的钱勉强够维持生计，日子过得紧巴巴，但田儒兵不服输，他心里憋着一股劲，虽然干的是流水线上的工作，田儒兵仍然干得非常认真，闲暇之余还积极跟老师傅们讨教学习，公司领导们也非常喜欢这个爱学习求上进的小伙子，给他提供了很多学习机会，田儒兵非常珍惜，于是更加努力，终于在2004年被公司评为优秀员工。

日子好过了，田儒兵此时也和妻子诞下了可爱的女儿，抱着女儿，田儒兵犯愁了："难道要妻子和女儿跟着我一起过着打工租房的生活吗？"于是田儒兵带着打工多年攒下的积蓄，毅然决然踏上了回乡的火车。

此时的菖蒲塘村，村民们大多都建了新房，田儒兵更加坚定了为家人提供更好住所的决心，于是花光积蓄再加上四处借钱，建了新房。住进新房子的那一刻，田儒兵漂泊不定的心才算是落到了实处。但现实残酷，仅靠种植猕猴桃和柚子那份微薄的收入不足以还清所欠的债务，无奈之下，只能再度外出务工，解决眼前困难。

真正让他下定决心回乡创业的是在2010年。此时，他已经有了三个女儿，这一年他照常回家过年，路上遇到了正好放学回家的二女儿，田儒兵喊住女儿，二女儿回头却并没有认出爸爸，警惕的目光深深刺痛了田儒兵。"不能再这样了，"他心想："我要回乡创业！"

2013年，田儒兵正式踏上回乡创业之路。他头脑灵活、敢想敢做，机遇来临之前，做好充分准备，常去拜访村里第一批"土专家"王安全、丁清清二人，向他们请教种植猕猴桃的经验，老人家们虽然从产业前线退了下来，但也时刻关心着村里的产业发展，在了解到田儒兵的想法后，王安全、丁清清也很乐于传授他关于农业方面的知识。慢慢的，随着田儒兵种植技术愈发成熟，他开始真正踏入水果种植的门槛，一边在实践中汲取着别人的经验，一边始终关注着党的政策，终于，机遇来了！

2013年，习总书记来到菖蒲塘村视察，也为菖蒲塘人带来了产业春天，之后许多外出打工的青年们纷纷回乡发展水果产业，菖蒲塘村的水果产业拓展迎来了高峰。

日复一日的辛勤劳作，寒来暑往，从不间断，借着精准扶贫的春风，田儒兵发展猕猴桃和柚子10亩，培育5亩猕猴桃苗木，2016年，成功脱贫，年收入达8万元。2020年，还购置了一辆小货车，拓宽了业务，把猕猴桃柚子销往更远的地方。年纪轻轻的他成为村里的技术骨干，平日里经常和村民们分享自己的育苗心得，带领村民们脱贫致富。

种植事业欣欣向荣的同时，田儒兵又把目标放到了品种引进上，开始了大胆的尝试。他先是四处探寻别的地方是否有更优良的品种，然后开始试着引进别人的猕猴桃，并在自家开辟出的试验田种下，精心培育，发现问题后再解决问题，终于选育出适合种植的品种，他把这种猕猴桃取名为蜜香金果。蜜香金果属于黄心猕猴桃，甜度最高可达 22.6，比红心猕猴桃甜度更高，果型更大，且产量高，易种植。2023 年第一批蜜香金果出园，其口味得到了村民以及游客朋友们的一致好评，每斤市场价卖到 13 元，引发了一波改种热潮。

除了实体经济，田儒兵还积极探索电商领域。他和他的大女儿一起在自家电脑上开起了淘宝微商店，学着如何上架自家的产品，为自家的猕猴桃

游客品尝菖蒲塘村的水果（吴东林 摄）

猕猴桃喜丰收，果农喜开颜（吴东林 摄）

柚子拍摄产品效果图、广告视频等，也积极带动周边村民一起在朋友圈做微商，平时大家一起互相交流经验，互相扶持，先富带动后富。机会总是留给有心人的，菖蒲塘村的电商事业也从当初寥寥数十人发展到如今的50多人，截至2022年，为村创收800万余元。

田儒兵说："只有我一家富还远远不够，要大家一起富裕起来，我们菖蒲塘村才算是真正的改头换面！"问及他的下一步计划是什么，这个农村汉子笑了："我下一步计划是要建起村里的第一个民宿。总书记视察过我们村以后，大家干劲十足，村里现在是越来越好了，有山有水，每天都有好多游客来村里游玩观赏。我想，游客越来越多了，如果有这么一个民宿，能让游客朋友们住在我们村，感受我们村的人文风情、乡土风貌，晚饭后走在我们的采摘园游步道上，摘几个水果尝尝，这也是一条致富路！"

田儒兵在家孝敬老人，教育引导子女，先后获得星级文明户、最美农家等荣誉称号。

如今，在村里说起田儒兵，大家更是纷纷竖起大拇指，田儒兵说："我能有今天的成就，也离不开乡亲们对我的支持，离不开如今的好政策！看到大家都能过上好日子，我就很开心了。"

田儒兵通过自己的不懈努力拥有了今天的美好生活，菖蒲塘村也成为了远近闻名的乡村振兴村、富裕村。

（田志阳/文）

田小钧：从农民到致富能人的传奇故事

不一样的农民生涯

菖蒲塘村处在湘西武陵山脉的丘陵地区，村辖区内没有河流经过，只有为数不多的山泉水成为菖蒲塘村唯一的水源，缺少水源对于发展农业是致命的，所以怎样发展农业，成为菖蒲塘村一代代人追求和探索的艰难道路，20 世纪 80 年代，菖蒲塘村首先引进西瓜和扫把草等耐旱种植品种，这样的改变在当时是一个大胆的尝试，因为在那个不种粮食等于"不务正业"的年代，种植水果，那是"大逆不道"的"败家子"，但是菖蒲塘村有着一群这样的"败家子"，他们不服输，不怕苦，尝试用不同的方法来挣脱套在菖蒲塘村身上发展农业困难的枷锁，田小钧的父亲田茂全也是这一群年轻人当中的一员。

1975 年，田小钧出身在一个传统的农民家庭里。在每次祖父数落父亲不种粮食、"不务正业"时，田小钧都会帮着父亲，因为他知道，不改变就会落后，不改变，永远摆脱不了贫困的面貌。这是他从书本中学到的，也是从父亲身上看到的。

恰逢这时菖蒲塘村支书王安全提出了一个改变全村命运的发展理念，"人无我有，人有我优，人优我转"。这种超前的理念是菖蒲塘村村民在发展道路中总结提炼出来的至理名言，其中体现了不断改变、敢为人先的发展思想，这种思想影响着每一位菖蒲塘村村民，在这种思想的引导下，菖蒲塘村慢慢变成了凤凰县的水果种植大村。田小钧也深受这种思想的影响。

发展起步之路

20 世纪 90 年代，一股打工潮席卷了整个中西部地区，菖蒲塘村也不例外，田小钧此时正在犹豫：是在家继续发展农业还是向其他年轻人一样，外出打工挣钱？这时，父亲对田小钧说，你还是出去吧，出去可以开阔下眼界，还可以积攒些资金，这都是发展农业不可或缺的两样东西。在父亲的支持下，田小钧也跟随着村里的这群年轻人南下打工，但是在田小钧心里，他永远记着自己的农民身份，发展农业才是自己的最终归宿。

2004 年，田小钧回到村里，这时的他已经有了开阔的眼界和一定的经济基础，经过他对市场的观察和研究，发现猕猴桃口感好、营养价值高，在沿海一带销路广，深受当地人的喜爱，而凤凰县正处于种植猕猴桃的黄金地带，田小钧毅然决然地把自家几亩橘子地改种植猕猴桃。他在研究猕猴桃销路问题时发现，只有自己把猕猴桃拉出去销售才能卖出好价钱，于是田小钧成了村里猕猴桃的代办商，他和外地客商谈好价格和数量后，再从本村的村民中大量收购猕猴桃，然后再拉到外地客商指定的地方进行销售。这种销售方式是那时少有的销售模式，田小钧深刻理解了敢为人先的发展理念，也为自己赚到了人生的第一桶金。

猕猴桃种植再创新

想要猕猴桃销路好，一定要品种过硬，在这方面，田小钧通过几年时间的种植，总结出几条经验来，并传授给身边的村民。

首先，他不断地学习和实践观察，以及研究猕猴桃对生长环境的要求，在猕猴桃地里采取深沟蓄水，防止雨季时节雨水聚积在猕猴桃根部，从而对根部进行直接破坏，并且在猕猴桃地里保留了一定的杂草，为的就是在干旱季节，让土壤有一定的水分供养猕猴桃生长。这样培育出来的猕猴桃，不管是在雨水多的年份或是在干旱年份，都能保证产量和品质。

其次，他发现，在以往的猕猴桃园里，搭设的水泥杆间距小，高度低，这样在猕猴桃采摘时，人在园里无法直立起来，影响猕猴桃的采摘效率，而且过于密集的猕猴桃园，无法实现发展园下经济的可能。通过对水泥杆搭设的改造，田小钧的猕猴桃园采摘效率提高了，也可以发展套种或园下养殖的产业，提高了猕猴桃园的经济效能。

另外，田小钧注重猕猴桃品种的选择和更新，并不断追踪市场需求，根据市场变化及时调整种植的品种和规模，以稳定市场销售。

此外，他还利用自学和技术交流等机会，不断学习和掌握最新的种植技术，比如果树栽培管理和病虫害防治等，提高了自己的种植水平。

致富经　致富路

凭借自己的不懈努力和创新精神，田小钧成功地将种植猕猴桃变成了一项稳定而且能够盈利的产业，实现了自己的致富梦。

他的致富经验归结为几方面的原因。首先，他始终坚持按市场需求调整种植品种和规模，确保自己的产品具有竞争力。其次，积极参与相关行业的培训和学习活动，不断提升自己的种植技术和管理能力。此外，他还与其

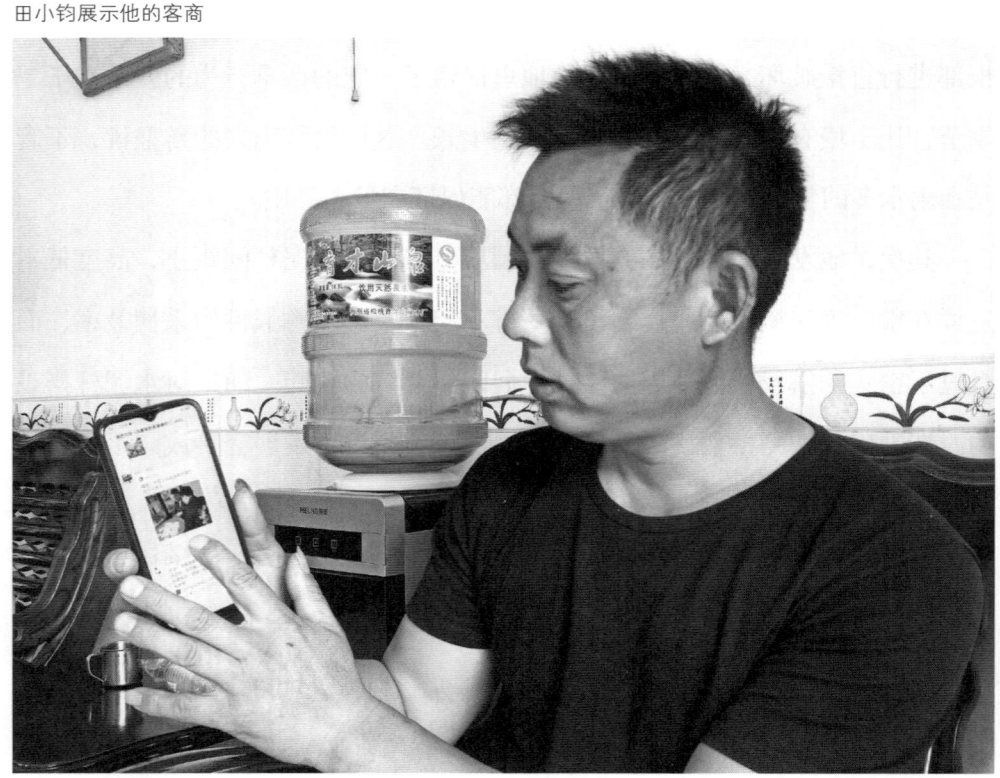

田小钧展示他的客商

他农民形成合作联盟，共同建立品牌形象和销售渠道，进一步提高了市场竞争力。

田小钧的成功也带动了整个村庄的发展。他积极帮助其他农民了解猕猴桃种植的优势和技术要点，共享种植技法和经验，带动了猕猴桃种植业的发展。同时，他积极组织村民参与猕猴桃销售和产业链延伸，促进了村庄经济的快速增长。

这位智慧勇敢、充满激情和创造力的致富能人，通过种植猕猴桃，不断创新和努力，从一个普通农民成为了引领和影响整个村庄发展的榜样。在农村创业致富的道路上，发掘市场需求、不断学习和与他人合作是取得成功的重要因素，乡村振兴可期。

（张　清／文）

梁立成：从贫困户到致富的蜕变

苦日子恼火得很

梁立成的家住在菖蒲塘村长坳片区，长坳是菖蒲塘村的合并村之一。在合并之前，长坳村就是一个贫困村，全村共 243 户 1165 人，其中，建档立卡户 67 户 223 人。为了发挥能村带动作用，2016 年，县里把长坳村、马王塘村、樱桃坳村一起合并到老菖蒲塘村。如今，长坳片区猕猴桃等水果种植面积已超过 2000 多亩，种植水果成为村民脱贫增收的主要渠道和重要经济来源。"土房子，妻子患有残疾，孩子无劳力，全靠我一人挣钱养家，恼火得很。"提起曾经的"苦日子"，梁立成直摇头。他说，自己当时住的还是在父母手上建起来的土房子，年久失修，已变成了危房。"做梦都想建新房子，苦于没有钱，没有办法"。

告别土房子

2013年底,县、乡镇、村及时将梁立成纳入建档立卡户,因户施策。首先帮助他进行危房改造,并且给予产业扶持、技术培训等帮助,还安排他担任村里护林员,使其家庭有了稳定收入。农闲时节,鼓励他到乡镇周边参与务工。通过危房改造、转移就业、产业帮扶等措施,2014年,梁立成终于告别了土房子,搬进新居,并发展了3亩猕猴桃产业,年均收益近万元。2016年,这个昔日"典型户"终于摘掉了"穷帽子",成功脱贫。"日子一天天变好啦!"梁立成激动地说。2018年,他又新增猕猴桃产业3亩多,加上护林员、临时外出务工所得以及其他收入,梁立成也有了不少自己的"存款"。有了"存款"的梁立成干劲越来越足,2018年,他掏钱将新房子扩建至两层,"新家"变成了一栋两层高的楼房,白瓷青瓦,内外粉刷。自来水、三轮车直通院坝,家里电视机、洗衣机、饮水机、热水器等家用电器样样俱全,屋内屋外打扫得干干净净,十分整洁。坐在院坝内,梁立成掰着手指算起了自己的收入账:6亩猕猴桃收入近2万元,加上当护林员的收入,农闲时节到周边务工再挣1万多元,全家人均年收入可达1万6千元以上。望着眼前这一切,无论如何都无法将它跟曾经的"典型户"联系在一起。

梁立成的产业发展

梁立成意识到,猕猴桃是一种经济价值很高的水果,如果种植得当,可以带来可观的收益。于是,他开始了自己的猕猴桃种植之路。在种植猕猴桃的过程中，梁立成遇到了很多困难。首先，他需要选择适合当地气候和土壤条件的猕猴桃品种。其次，他需要掌握猕猴桃的种植技术，包括施肥、灌溉、修剪、病虫害防治等方面的知识。梁立成采用了高标准种植技术，包括科学选址、合理规划、精心整地、优质栽植等。他还注重猕猴桃树的修剪和整形，保持树体通风透光，提高猕猴桃的品质和产量。梁立成非常重视施肥管理，他采用有机肥和无机肥相结合的方式，同时根据猕猴桃的生长需要，合理配比各种营养元素，使肥料发挥最大的效益。在病虫害防治工作方面，他经常观察猕猴桃树的生长情况，一旦发现病虫害，及时采取措施进行防治。他采用生物防治和化学防治相结合的方法，有效地控制了病虫害的扩散。梁立成在实践中不断尝试技术创新，引进新品种，尝试采用新技术进行猕猴桃种植。例如，他采用了无病毒苗木技术，使猕猴桃树的生长更加健康，提高猕猴桃的品质和产量。在管理层面，他注重精细管理，经常巡查猕猴桃园，观察猕猴桃的生长情况，及时发现并解决问题。他还注重猕猴桃的采收和储存工作，保证猕猴桃的质量和口感。

梁立成积极了解市场需求，以便将产品卖到最好的价格。随着种植技术的提高，梁立成的猕猴桃产业开始取得显著成果。2016年，他成功摘掉了"穷帽子"，实现了脱贫致富的目标。2018年，他的猕猴桃种植规模进一步扩大，自己的腰包也鼓了起来。这让他更加坚定了发展猕猴桃产业的信心。除了实现自己的致富梦想，梁立成还通过自己的努力为当地农业发展做出了贡献。他积极推广猕猴桃种植技术，帮助其他农户提高种植效益。他利用自己在市场上的信息优势，为村民提供了很多有价值的商业信息。此外，他还通过自己的销售渠道，帮助其他农户将产品销售到市场，提高了他们的收入水平。

梁立成打理自家猕猴桃果园

梁立成认为，未来的农业发展需要更多的技术创新和市场拓展。一方面，农户需要不断提高种植技术，确保产品的质量和产量。另一方面，他们还需要积极拓展市场，寻找更多的销售渠道和合作伙伴。同时，政府和社会各界也应该给予更多的支持和帮助，为农村发展提供更多的资源和机会。

猕猴桃种植之路是一条充满挑战和机遇的道路。梁立成通过不断努力和学习，掌握了猕猴桃种植的关键技术，并成功实现了脱贫致富的目标。同时，他还通过自己的努力为当地农业发展做出了贡献，帮助其他农户提高种植效益和销售收入。只要肯努力和创新，农业发展有着广阔的前景和潜力。

（王妍/文）

邓志诚：菖蒲塘来了个研究生

"猕猴桃是雌雄异株的果树，开花时间短，需要投入大量人力进行人工授粉。而我们自主培育的翡翠香果无籽猕猴桃就省去了这个环节，节约了成本。"在猕猴桃果园里说出这段话的，不是种植猕猴桃果农，也不是猕猴桃领域的专家，而是湖南省2022届定向省直单位选调生、菖蒲塘村党委书记助理邓志诚。此刻，他正在为来村考察学习的领导嘉宾讲述菖蒲塘村的发展故事。

邓志诚的老家在湖南浏阳，是湖南东部毗邻省会长沙的一个县级市。用他自己的话说，"我几乎是从湖南的最东边来到了最西边。"

2022年6月，从中南大学商学院金融学专业硕士毕业后，邓志诚放弃了上海、长沙等大城市的就业机会，毅然成为了一名选调生，从校园直奔农村基层，来到菖蒲塘村驻村锻炼。

湖南省每年从全国高校选拔近800名优秀应届毕业大学生作为选调生到基层锻炼，邓志诚便是其中一员。"能在总书记视察过的红色热土开始踏足社会的第一站，倍感荣幸。"这是他经常挂在嘴边的一句话。

在菖蒲塘村，他和驻村工作队、村干部吃住在一起，开展各项基层工作，也参与群众的生产劳作。起初，大家担心这个从小在城里长大的小伙子会不适应农村生活，难以全身心融入大家。但邓志诚的一番话打消了大家的顾虑："组织派我来，就是让我吃苦锻炼的。我必须感受最真实的农村生活，体验最基层的工作状态。习近平总书记在梁家河生活工作了七年，将这段经历视作最宝贵的财富。我也会珍惜在菖蒲塘的岁月，尽快适应，主动磨炼。也请大家提醒、督促我！"

牢记嘱托，擦亮菖蒲塘金字招牌

邓志诚没有让大家失望，很快适应了基层生活，进入了工作状态，找到了自己的角色。

菖蒲塘村能取得今天的发展成就，很大程度上得益于干部群众始终牢记总书记的嘱托，沿着总书记指明的方向不断前行。邓志诚在走访过程中逐渐发现，菖蒲塘的老百姓都有很强的政治意识，大家打心底里感谢习近平总书记，会自觉关心关注党中央和习近平总书记的最新动态和重要指示。

"我刚刚从学校毕业，学习是我的长处。我可以加强政策理论宣讲，帮助村民们更好地学习领会总书记的重要指示和中央精神，擦亮菖蒲塘村作为政治高地的金字招牌。"一次班子会上，邓志诚向村支两委提出了自己的想法。

邓志诚的设想得到了大家的支持。但也有村干部提出了顾虑，村民的文化水平都不高，怎么样用老百姓听得懂的话讲理论、说政策？

对于村干部的顾虑，邓志诚提出了两条思路：一是要结合菖蒲塘群众的实际生产生活，把党的方针政策用最通俗易懂的话讲给老百姓听。二是要让更多群众成为政策理论的宣讲人，在宣传讲述中强化学习效果。

为此，每当有最新的政策文件、指示精神发布，邓志诚都会第一时间认真学习研读，结合村里的实际工作，圈出需要关注的重点，转化为老百姓听得懂的"大白话"。例如，他结合村里在猕猴桃种植资源上的优势，重点阐述了广大"土专家"、果农在党的二十大报告中所涉及的农业安全领域可以做的贡献。此外，他还从村里的"金喇叭"志愿服务队中选拔了几位文化水平较高、宣讲功底较好的队员，定期下到村里的4个功能型党支部和4个产业党小组中开展宣讲，实现了政策理论宣传的扎根下沉。

"我们村是总书记来过的示范村，要带头做好生态环境保护。不超量使用除草剂、农药，用有机肥替代化肥，就是守护绿水青山，也是守住我们村的金山银山！"听完宣讲，果农田儒兵如是说到。

如今，在理论宣讲的推动下，越来越多菖蒲塘村的群众听党话、感党恩、跟党走，菖蒲塘村作为政治高地的金字招牌越擦越亮。

用心用功，讲好菖蒲塘红色故事

"又有客人来啦？""是的，大伯，我带大家到您的摊位上看看！"

菖蒲塘村是"全国脱贫攻坚交流考察点"、湖南省党员教育培训现场教

菖蒲塘村农特产品展示（吴东林 摄）

学点，还获评了"建党百年红色旅游百条精品线路"。每天，菖蒲塘村都有数批考察团、游客前来学习参观。讲好菖蒲塘红色故事，推广菖蒲塘发展经验，亦是菖蒲塘作为政治高地的重要使命。

"最多的时候，同时有9批团队同时在村，接待任务很重的！"

从来到菖蒲塘村的第一天起，邓志诚就跟着驻村工作队为参观团队做起了讲解。参观线路全程走下来超过一公里，讲解时长近半小时，对于初来乍到的他是不小的挑战。

但几乎是在到村的第二周，邓志诚就能独立完成接待任务了。"我没有特别去背讲解词，一方面，听得多就熟悉了，另一方面，多到产业路上走走看看，用心想一想每个点最突出的特色是什么，这一路上的基本情况自然就

第二章 "乡村振兴"的带头人　65

烂熟于心了。"

每天晚上下班，邓志诚都会到参观线路上走走转转，自己练习讲解，不断揣摩讲解词，力图将菖蒲塘最值得推介的一面展现给来访宾客。

对于不同的参观团队，邓志诚还会有针对性地调整讲解词。"对于农民朋友，他们更关心具体的农业生产开展，我就会重点讲讲我们村水果品种的演变历程，讲讲我们如何依靠科技做大做优水果产业，供他们借鉴。而对于领导干部，往往更关注我们一二三产业融合发展的模式，那我就会多讲一些农业以外的发展故事。"

如今，这条一千余米的参观路线邓志诚已经走了一年多。在这条路上，他独立接待了来自全世界10余个国家、160余批次的考察团队，总接待人数超3500人。菖蒲塘村可复制的发展经验得到有效推广。

亲力亲为，助力菖蒲塘产业振兴

产业振兴是乡村振兴的重中之重，是菖蒲塘村长期以来发展的动力来源。过去，菖蒲塘以水果、苗木等第一产业为主，辐射水果加工等第二产业，第三产业仍处在空白阶段。

2022年10月，集餐饮、研学、团建等功能为一体的农旅综合体——菖蒲塘红色农家院正式对外营业，拉开了菖蒲塘三产融合发展的新篇章。邓志诚全程参与了菖蒲塘红色农家院的建设。

"涉足一个全新的领域是非常不容易的。一切都要从零开始，没有人帮忙，只能自己上。"从餐厅的装修布置，到服务员的培训，再到菜品的设置，

菖蒲塘村红色农家院

邓志诚跑遍了全县大大小小的农家乐，"偷学"他人经验。

"尝遍了凤凰大大小小的餐馆，经过不断地创新、调整，我们对自己的菜品很有信心！"

最终，菖蒲塘红色农家院以修旧如旧的苗寨特色、周到热心的服务和高质量的菜品赢得了市场。高峰时期有近 200 人同时用餐，成为了菖蒲塘村的新晋网红打卡点。

同时，邓志诚还引导菖蒲塘红色农家院不断丰富业态。2022 年底，他们从周边农户手中收购了 30 余头生猪，用传统工艺熏制成腊肉 3000 余斤。邓志诚大力推广，积极联系北京、上海等地的校友，拿到了 1000 余斤的订单，一举打开了一线城市市场。

"今年（2023年）我们的目标是一万斤，我们有信心做到！"菖蒲塘红色农家院负责人龙建效说。

邓志诚表示，产业是菖蒲塘发展的命脉。必须以时不我待的紧迫感，不断推动菖蒲塘的产业发展走向深处。

（吴东林　吴志瑶/文）

第三章

科技赋能助力
"水果提质"

　　山还是那座山，但新添了百果绕青山。人还是那些人，但却是新时代新农民。菖蒲塘人相信，他们用心栽下的每一棵果树，都会迎来硕果满枝的日子，他们付出的每一滴汗水，也将会迎来更幸福美满的生活。

丁清清："土博士"蜜事

2021年9月18日，来自广东、湖南及凤凰县周边县市的100多名无籽猕猴桃种植户、农科院专家，围着菖蒲塘村的一个满脸红光、满头白发的村民，仔细地听着他讲自己发明的"翡翠香果"无籽猕猴桃的管培技术。

这个老人是谁？这是湖南省科技示范户、凤凰县乡土科技特派员、凤凰县猕猴桃种植技术的"土博士"——丁清清。

第一个吃螃蟹的人

上世纪80年代，省农科院农业科技专家肖兰异驻村，在他的影响和培养下，包括丁清清在内的一大批"乡秀才"逐步觉醒成长起来：田里只种水稻是富不起来的，得变！

丁清清远跑浙江、江苏、福建等地，学习先进技术，考察市场，因地制宜，率先在全县引种水果，先后引种西瓜、扫把草、椪柑、蜜橘、猕猴桃等

村里"土专家"丁清清现场传授果树培管技术

品种，成为菖蒲塘村发展水果产业的"第一人"。

"猕猴桃是我最早引种的，现在变成了菖蒲塘的支柱产业，老百姓的'摇钱果'。"提起猕猴桃，丁清清颇为得意。

1992年，在凤凰县苦荞专家姚自强的引荐下，丁清清从吉首大学率先引进"米良一号"猕猴桃种植。他也是把野生选育的"米良一号"猕猴桃种植到田里的第一批人。

通过引种猕猴桃，丁清清尝到了甜头，90年代就发展成了村里首个"万元户"。

科技的味道真甜

只是一面之缘，却是一世不变情缘。尝到"微甜"的丁清清，把自己的一生都奉献在菖蒲塘村，奉献给猕猴桃产业。

90年代，凤凰县开始扩大猕猴桃种植面积，但随之而来的是猕猴桃"癌症"——溃疡病频发，给果农带来了很大的损失。

丁清清看在眼里，急在心里。他不断进行"土实验"，屡败屡战，终于在1998年，成功研究出了猕猴桃砧木抗溃疡病栽种方式，有效降低了猕猴桃溃疡病发病率，极大提高了其抗病性。此项技术，目前已在全国推广。

随着凤凰县及周边省市县大面积种植猕猴桃，改良后的苗木在市场很受欢迎。丁清清看准行情，果断带领村民发展苗木产业。2022年，菖蒲塘村繁育苗木4000多万株，年创收入达2700多万元。

随着时代的发展，人民群众对水果的"美好向往"程度也在不断提高，怎么办？还得变！丁清清就是盯着猕猴桃不放。

2013年11月3日，习近平总书记来到菖蒲塘村视察，叮嘱乡亲们"依靠科技，开拓市场，不断做大做优水果产业，加快脱贫致富步伐"。丁清清在想，总书记都发号召了，我得做点什么！2018年，丁清清在多次"土实验"基础上，通过芽变，成功选育了"翡翠香果无籽猕猴桃"。这种品种不需要人工授粉，口感更好，市场价更高，一经出售，深受市场欢迎。2022年5月，和湘西州农科院合作申请的"翡翠香果"无籽猕猴桃国家专利成功获批，并且已经在全国范围内开始推广。

菖蒲塘村成功实现了从过去的引种到现在的自育品种，有了本村地理标志的水果品牌，每每讲起这些，丁清清总是一句话回答："科技的味道真甜！"

大家的"甜蜜梦"

一人富不是富，大家富才是真的富。

为了带动全村人共同发展，丁清清充分发挥技术优势，通过传帮带培养出了田顺新、王邦忠等50多户水果种植大户。只要有人问、愿意听，他就会毫无保留地把这些积累多年的种植猕猴桃等水果、繁育嫁接苗木的技术教给大家。大家又把技术传授给其他人，全村猕猴桃种植面积达到6000亩，2022年人均可支配收入比2013年底翻了四倍还要多。全县猕猴桃种植面积扩大到8.9万亩，预计年产值达到3.5亿元。

猕猴桃种植面积的扩大，也意味着苗木嫁接有着巨大的市场。丁清清在多年实践和省州县专家团队的指导下，形成了一套高成活率的苗木嫁接"宝典"，并且无私传给果农群众。他的儿媳田香群，不仅是苗木嫁接的技术能手，还是菖蒲塘村女子嫁接队队长，在她的带领下，菖蒲塘村成立了200多人的女子嫁接队，常年在贵州、重庆、四川、陕西等地开展嫁接技术服务，年创收800多万元，成了脱贫致富路上的"金剪刀"。

问起对未来有什么期待，丁清清充满希望地说："县委组织部在我们村开展以'爱党、爱国、爱家乡、爱劳动，讲公德、讲科技、讲法律、讲诚信、讲卫生'为核心内容的'四爱五讲'新型农民培育行动，我看，村民们都动起来了，在专家和这批'果农'人才的推动下，相信乡村全面振兴不会远，大家的梦会更甜，日子会更幸福！"

丁清清在果园里查看果子长势（杨贤清 摄）

如今，菖蒲塘村有省、州、县级科技示范户270户，100多名新型职业农民。越来越多爱农业、懂技术、善经营的"土博士"活跃在农村舞台上，乡村经济发展的步伐越来越快，乡村全面振兴就会更快更美呈现。

（王浩铭　唐金生/文）

王仁才：与菖蒲塘村的"同心缘"

初秋之际，菖蒲塘村的空气散发着猕猴桃浓浓的果香味，一派喜悦丰收的景象，乡亲们的脸都灿烂得像小洋楼旁石榴树上挂着的红彤彤、裂开了嘴的大石榴，收不住势儿。

"2013年，习近平总书记就是站在这里品尝红心猕猴桃，说口感很好。"站在村口的农产品技术交流亭里，省政府参事、省政协常委、中国园艺学会猕猴桃分会副理事长、湖南农业大学教授王仁才笑着说。

王仁才已经记不清来过这里多少次了，从2007年到廖家桥镇担任科技特派员开始，他和菖蒲塘村结缘15年，早已把这里当成第二故乡。

作为全国知名的猕猴桃研究专家，王仁才多年来用一颗执着的红心，指导菖蒲塘村发展猕猴桃产业，特别是更优质的红心猕猴桃，帮助村民增收致富，成为了"荣誉村长"。村民们都说："王教授已把论文写在我们村的田间地头。"

结缘菖蒲塘

"王教授,我邻居家种的红心猕猴桃最近有点问题,能不能请您指导一下?"

"没问题,我明天上午过来一趟。"

在菖蒲塘村部,王仁才遇到了老朋友——全国脱贫攻坚先进个人、菖蒲塘村党支部原书记王安全,他高兴地接受了王安全的请求。

2007年1月,从新西兰访问留学归来的王仁才,被派驻到廖家桥镇担任省农业科技特派员。"说实话,刚开始有点犹豫,因为刚回来学校事情特别多。"王仁才回忆道。

王仁才到菖蒲塘村时,这里已经种了几百亩猕猴桃。如今已年过七十的王安全说,村里当时种的猕猴桃是"米良1号",产量较高但味道一般,卖不起价,"一斤不到一元钱,还时常滞销",很多农民把种了十多年的猕猴桃树砍掉改种椪柑。

村民们对脱贫致富的渴望,深深感染了王仁才。经过调研,他认为猕猴桃依然是最适合菖蒲塘村发展的产业。于是,他着手开展猕猴桃栽培新技术的试验与示范工作。

短短一年,村民们就感受到了科技的力量。示范田的猕猴桃树产量比普通果园高出50%,果品糖度也明显提高了2—3个百分点。果实品质提高,销售价格也翻了番。大家的激情被点燃了,要果苗、学技术的几乎打爆了王仁才的电话。

有了信任,王仁才和当地干部群众一道,开始撸起袖子加油干,一方面对原有主栽品种"米良1号"进行提质增效，另一方面从四川引进推广优质新品种红阳猕猴桃。

红阳猕猴桃有着红红的果心，切片摆盘分外好看，被村民称为"红心猕猴桃"。"红心猕猴桃"品质好、味道佳，但种植技术要求高，对病虫害抗性较低，并极易得有"猕猴桃癌症"之称的溃疡病，村民们担心种不好。

"别担心，有我呢。"王仁才发动村里党员带头种植，同时自己经常往试验田里跑，一方面加强红心猕猴桃配套栽培技术的研究与示范，另一方面积极搞好技术培训与咨询指导服务。3年后，红阳猕猴桃获得丰收，果农种一亩收入可达2万余元。

为了总书记的嘱托

"我知道习近平总书记对农业很熟悉，没想到他对果树种植也那么内行！"2013年11月5日，看到习近平总书记在湘西考察的新闻时，王仁才立马打电话给王安全，王安全激动地讲述了总书记考察菖蒲塘村的情况。

当年的11月3日，习近平总书记来到菖蒲塘村时，察看了成片的柚子林和猕猴桃林，详细了解村里发展特色产业的情况。

"总书记很随和，说话很亲切，一路走，一路详细询问村里水果的品种品质、生长周期、适宜土壤、产量价格等，他叮嘱我们，要依靠科技，开拓市场，做大做优特色产业，加快脱贫致富步伐。"王安全告诉记者，总书记还拿起一个红心猕猴桃，剥皮后慢慢品尝，直夸猕猴桃"味道很好，口感不错"。

总书记夸奖的红心猕猴桃，倾注了王仁才无数心血。2014年间，村里的红心猕猴桃得了溃疡病，几乎全军覆没，村民们急得焦头烂额、手足无措。王仁才赶来指导后，帮助大家一起解决了难题。

总书记的叮嘱，也激励着王仁才为菖蒲塘村猕猴桃产业发展谋划更大的蓝图。在他的指导下，村里猕猴桃种植走上了标准化种植和管理之路。原有的"米良1号"通过提质增效，能卖出一斤1.5元到2元的价格，红心猕猴桃则能卖出一斤15元到30元的好价钱，两种产品都供不应求。

作为省政协常委、省政府参事和致公党员，王仁才还通过提案、建议、社情民意信息和"党派直通车"等方式，为湖南农业特别是猕猴桃产业发展积极建言献策。

在发展过程中，"两颗红心"也让王仁才感触颇深："一是产品品质要好，红心猕猴桃是深受市场欢迎的优质水果；二是产业发展也需要党建引领（红心向党），村支书带动党员，党员带动群众，产业才能发展得更快，影响更大。"

"如今村里水果产业发展面积达8000亩，其中猕猴桃5000余亩，包括数百亩红心猕猴桃，2022年村里人均收入达3万余元。"菖蒲塘村党委书记、村委会主任周祖辉告诉记者，在产业带动下，菖蒲塘村2016年成功脱贫出列，2020年入选全国扶贫交流基地，2021年获评湖南省级乡村振兴示范创建村。

日子好过了，该怎么感谢王教授？村民们想到了一个最朴实的方式。2020年，菖蒲塘村授予王仁才"荣誉村长"。"这是我收到的最好奖励。"王仁才高兴地说。

把一件事情做好

2022年7月17日上午，凤凰县猕猴桃产业助力乡村振兴座谈会在菖蒲塘村召开，王仁才与湖南凤凰猕猴桃科技小院的其他几位专家一同参加。

2021年9月批复成立的湖南凤凰猕猴桃科技小院，是湖南省首批16家中国农技协科技小院之一，王仁才被聘为科技小院首席专家，他的几位学生常驻菖蒲塘村开展科研与示范工作。

会后，王仁才带着10余名村民到试验田里普及技术、排查问题。正值酷暑，他的衬衫很快湿透。对他来说，风吹日晒是家常便饭，他也有一套"装备"应对——随身背包里带着衣物、水杯和药，头上的棒球帽，可防止头顶被猕猴桃树枝刮到。他血压高，妻子不放心，经常跟着他到处跑。

"每年有三分之一的时间在湖南各地下乡，还有无数电话和微信咨询。"这一趟来湘西，王仁才先到麻阳指导猕猴桃种植，爬了两天山，去了多个基地，结果鞋帮子掉了，他只得临时在县城买了一双新鞋。

作为湖南省猕猴桃产业协会理事长，王仁才手机里有4000多个微信好友，6100多个电话号码，"80%跟猕猴桃有关"。由于他对湘西猕猴桃产业发展的贡献，王仁才被中国农技协授予"最美科技工作者"称号。

在周祖辉看来，王仁才最大的特点是务实。"王教授经常到村里了解农民需要，及时解决问题，将科技成果转化为产业所需，让农民真正受益。"周祖辉感慨地说。

2020年9月，周祖辉作为唯一村干部代表参加了习近平总书记在长沙主持召开的基层代表座谈会。"我当时提了一个建议，就是希望高等院校的专家能够多到田间地头普及农业科技。"周祖辉说。

15年来，王仁才见证了凤凰发展的巨大变化。2007年，他和学生坐晚间绿皮火车到吉首，第二天早上才能转车到凤凰，再辗转到村里，全程长达12小时。如今，长沙至凤凰古城高铁站只需2个多小时，下了高铁到菖蒲塘村，只需20多分钟车程。

在王仁才和相关部门的争取下，2022年9月，全国第八届猕猴桃学术研讨会在凤凰召开。2023年9月，全国科技小院会议又在凤凰召开。在上海举行的第八届中国果业品牌大会上，凤凰县被授予"猕猴桃产业强县"的称号，

猕猴桃喜丰收

凤凰红心猕猴桃品牌估值20.08亿元。凤凰红心猕猴桃在第十二届中国（国际）猕猴桃产业大会上被评为"2023年度受消费者喜爱的中国猕猴桃十大区域品牌"。

"人一辈子，至少要坚持把一件事情做好。"研究猕猴桃40多年的王仁才说，他最大的梦想就是助力凤凰县成为中国最大的优质猕猴桃基地之一，让凤凰红心猕猴桃成为全国知名品牌，推动猕猴桃成为湖南乡村振兴的主要水果产业。

（王浩铭／文）

田香群：山沟沟里"嫁接"出一条特色致富路

田香群在 2019 年接手"金剪刀"女子嫁接志愿服务队的队长，她们主要为周边群众提供猕猴桃等水果苗木嫁接技术，还承担农业、政策理论宣讲，交流致富经验。到 2023 年，嫁接业务已拓展到贵州、重庆等地，队员人数也已发展到 247 多人，年创收入超过 1000 万元。

据了解，截至 2023 年 3 月，田香群带领的这只"金剪刀"女子嫁接志愿服务队已帮助周边村落共 323 户嫁接果园 1000 亩，带动 132 户发展猕猴桃种植 600 亩，把全村苗木的成活率提升了 15%，足迹踏遍全国 13 个省区。

田香群说：我们的苗木卖到哪里，我们的嫁接技术服务就提供到哪里。2021 年 9 月 18 日，田香群挑选了 30 名具有丰富嫁接经验的女性，组建了菖蒲塘女子嫁接队，助力乡村产业发展。

作为一支具有产业技术特色优势的生产队，菖蒲塘女子嫁接队充分发挥自身优势，通过外出嫁接，向外推广菖蒲塘水果苗木，打开全国市场。同时，她们还把外面先进的发展理念、市场供求信息带回村里，带动全村、推动全县水果业不断优化升级，在推动乡村振兴建设进程中发挥了重要作用。

每年8月正值猕猴桃成熟的季节，每家每户忙着销售猕猴桃，基地也都是一片忙碌的景象。走进凤凰县廖家桥镇菖蒲塘村猕猴桃产业园，映入眼帘的是一派生机勃勃的景象：连片的果园里，一串串猕猴桃果实缀满枝头，在阳光照耀下，散发出阵阵果香。果农们正在忙着采摘，不一会儿工夫个头硕大的猕猴桃就装了满筐。最后，再把猕猴桃挑到集中分拣地点，果农们按照果子的大小统一分拣装箱。天气虽然炎热，但是挡不住丰收的热情，大家都在忙碌着。

通过在外嫁接，田香群增长了见识，逐步意识到电商经营的重要性。除了发动村民大力通过网络销售猕猴桃以外，她自己在家里每天也忙着打单、装箱、发货，将一箱箱新鲜的猕猴桃发往全国各地。田香群说，虽然现在每天都很忙碌，但是感觉非常充实，猕猴桃产业做起来了，我们嫁接队的名声也打出去了，村民们的生活水平也提高了，心里更是说不出的甜蜜。

如今，菖蒲塘村"金剪刀"女子嫁接志愿服务队已成为凤凰县志愿服务的一个精品项目，被评为湖南省2020年度"最佳文明实践志愿服务项目"，入围全国学雷锋志愿服务"四个100"先进典型，从卖水果到卖技术，女子嫁接队成为创收主力军。

近年来，菖蒲塘村以果立村，村民们"家家有产业，人人懂技术"，全村共发展水果8000多亩。2022年，仅柚子、猕猴桃两项产值，就高达3800余万元，菖蒲塘实现村民人均可支配收入达到了30392元，成为全国脱贫攻坚交流基地和全省巩固脱贫成果实现乡村振兴的"样本村"。菖蒲塘村还先后被评为全国第二批乡村治理示范村、全国村级议事协商示范点、湖南省

嫁接美好新生活（吴东林 摄）

乡村旅游重点村、湖南省第二批省级民族乡村振兴试点。

　　山还是那座山，但新添了百果绕青山。人还是那些人，但却是新时代新农民。菖蒲塘人相信，他们用心栽下的每一棵果树，都会迎来硕果满枝的日子，他们付出的每一滴汗水，也将会迎来更幸福美满的生活。

（肖昕翔　杨籍斌／文）

田茂华：依靠科技　开拓市场

1980 年出生的田茂华是位苗族青年，籍贯湖南凤凰县，家中有四口人。出生在一个平凡农民家庭的田茂华，从小便跟着父亲干农活做农业，成家后开始和村民一起种植猕猴桃，从最初的一两亩扩展到现在的 12 亩。同时，他兼职农民经纪人，帮助村民销售水果和苗木，为村里及周边村庄推销苗木，为育苗的村民解决了销路问题，成为了菖蒲塘村产业发展路上的中流砥柱。

1997 年初中毕业后，田茂华跟着老一辈懂嫁接技术的村民走南闯北，先后跑了十几个省份，如贵州、四川、云南、重庆、山东、江西、湖北、陕西、新疆、浙江、江苏、河南等。全国的气候不同，一年有七八个月适合嫁接工作，他常年在外，嫁接这一项工作持续做了六年之久，也曾有过和其他省份嫁接工人相互交流讨论的经历。这些经历丰富了田茂华的人生阅历，也开启了他农业之旅的新篇章。

2009 年，经过怀化的一位退休教师廖老师的介绍，田茂华来到了贵州省兴义市贞丰县者乡，给一位客户嫁接桃子苗，就是这年的五月，开启了田茂华人生中的转折点。田茂华回忆道:"我和廖老师一同到了兴义市贞丰县,下午四点多与当时的水果种植基地王老板见了面,我没有一丝疲惫之意,相反还特别兴奋,仿佛见了一个多年挚友,有很多话题聊,这种感觉,我现在回想起来还是记忆犹新。王老板把我俩安顿好了之后,便带着我们到了他的桃苗基地看了看,我一看也没多少苗子,大概也就七八千棵左右,心想凭我的嫁接速度最多也就五六天能拿下,花了200多元车费跑到这里做工,只有五六天的活干,心中又开始失落,与刚刚兴奋的心情形成强烈的反差,心想还真不划算。就在我苦恼之际,王老板说这300亩的果园需要技术管理人员,经过廖老师跟王老板的沟通对接,我给王老板做起了技术顾问,所以那天的心情就像过山车,跌宕起伏。在这里做了七个多月,也见了成绩,得到了王老板的认可,之后以每年年薪2万元连续担任了5年的技术顾问,在这5年期间,我的水果种植技术突飞猛进,之后由于家里有老人、小孩需要照顾,就没有继续做下去。现在回想起来,得益于那次机会,我爱上了农业,挣到了钱,也收获了尊重,更珍贵的是提高了水果种植技术,为我今后种植水果提供了非常宝贵的经验,这对于我来说是一笔在金钱之上的财富。"有了这次机遇后,田茂华在农业种植方面的信心更加坚定,便把田间地头作为施展才能的舞台。

2013年,习近平总书记来到菖蒲塘村调研,临走时留下了一句"依靠科技开拓市场,做大做优水果产业"的重要指示,田茂华把这句话记在了心里,并时刻谨记总书记的殷切嘱托,增强了动力与信心。这几年在平台销售水果和苗木很流行,田茂华也注册了淘宝、拼多多、抖音账号,开起了店铺,成为了商家,用田茂华的话说,"一个田间地头的农民也能成为一个老板"。

菖蒲塘村产业大户田茂华跟自家猕猴桃果树合影

自从田茂华在各大平台上销售水果和苗木后，家里收入翻了几番。果子、苗木发往全国各地，通过一对一与客户沟通交流，他掌握了市场信息，根据客户需要种植出适应市场的果子和苗木，真正做到了总书记说的"依靠科技，开拓市场，做大做优水果产业"这句话。

现在的田茂华成为了村里的种植专家、育苗专家、销售专家，在村里树立了很好的标杆，村民们也争先恐后地跟他学习相关技术，田茂华成为了菖蒲塘村的明星，就连隔壁村的村民也跑来跟他学习种植技术。2023年8月份，央视记者采访他，问他作为一个新时代农民今后打算怎么做，田茂华是这样说的："我热爱农村，热爱农业，更爱农民，是土地赋予了我一切。靠着种水果、种苗木，我收获了现在的幸福生活。我的小孩不再是留守儿童，我的父母也不再是空巢老人。我觉得家庭的力量是我前进道路上的强劲后盾，我希望凭借自己多年累积的经验，在努力做好自己的同时，也教导子女，不管做任何事情都要坚持不懈，纵使前方道路布满荆棘，我们也要坚定信念，勇往直前。也希望自己能尽微薄的力量发展我的村庄，和广大村民一起，将村里的产业在原来的基础上优化升级，做到人无我有、人有我优，共同建设这块给予我力量的土地。"

田茂华在成为入党积极分子时曾说："我想成为一个精神富有的人，我想加入中国共产党，成为一个党员是我多年的梦想。总书记到过我们村，为我们的产业发展指明了方向，近年来总书记也在各大场合多次提到农业生产的重要性。党有号召，我有行动，让我在自己的岗位上发挥作用，释放自己的活力，做新时代农民，积极投身到家乡建设中，在乡村振兴道路上奉献力量。"

（向黎黎／文）

雷志平：女汉子的"金剪子"

"有女莫嫁菖蒲塘，塘上只长菖蒲草。"这是菖蒲塘村很久以前流行的一首民谣，诉说着这里曾经的贫穷与落后。岁月轮回，近年来菖蒲塘村依靠发展水果产业，村容村貌以及群众的生活正悄然发生变化，如今全村百分之九十的农户建起了新楼房。其中，不少人是靠着嫁接技术脱了贫、致了富，这就不得不提菖蒲塘村的女子嫁接队。

2000年，雷志平从林峰乡嫁到菖蒲塘村。结婚之初，家里十分贫困，一家人靠着家里的两亩地也只能勉强解决温饱。后来，在村里的带动下，她将家里的田地改种成了猕猴桃、橘子、柚子等水果。随着村里水果产业，特别是猕猴桃产业的不断壮大，时任村支书王安全专程到长沙学习猕猴桃嫁接技术，并把嫁接的技艺全部传授给了村民。起初，雷志平对苗木嫁接技术一无所知。雷志平家对面住着的老技术员丁清清开玩笑说："你不会嫁接，嫁到菖蒲塘来做什么？"雷志平赶紧拜丁清清为师。慢慢地，雷志平从不懂嫁接逐渐变成了行家里手。

金剪刀志愿服务队进行嫁接技术指导

　　随着村里猕猴桃水果种植面积不断扩容，以及周边市场的需要，2013年，在时任村支书王安全的建议下，菖蒲塘村的女子嫁接队横空出世。

　　雷志平说：别人知道我们嫁接队后，如果有业务需要，打一个电话过来，嫁接队的姐妹们就一起组织出去做工。加入嫁接队后，姐妹们一年大都可以挣到一两万块钱。有了这份收入贴补家用，大家的生活状况也比原来好上不少。

　　雷志平声音大、力气足，活脱脱一个"女汉子"。因为吃苦耐劳又性格活泼，没多久她就因为技术好，人脉广，成了首任有200多名成员"金剪刀"队的队长。

　　一到每年的初春时节，菖蒲塘村里几乎见不到妇女的身影，她们都去了哪儿了呢？原来是雷志平带着她们手握金剪子，驰骋在武陵山麓。

切割、接芽、绑扎……剪刀翻飞，嫁接队的姐妹们15秒便能完成一株猕猴桃树苗的嫁接。技术扎实，服务贴心，让雷志平她们赢得了不少订单。湘西州永顺县有11万亩猕猴桃，每到春季，这里就成了菖蒲塘村嫁接能手们的"竞技场"。

嫁接队的队员们说：嫁接是一门需要细心且能吃苦的技术活，在嫁接过程中稍不留心手指便会刮破流血。在雷志平和队员们的嫁接台上和箱子里，每人装了好几盒创可贴。她们说，一盒一般是不够的，一盒有100张，一个月大约要两盒。都说十指连心，裂开的伤口一旦碰水就会钻心地疼。

用娴熟的技术"嫁接"出一条特色致富路（吴东林 摄）

丰富的苗木嫁接经验和吃苦耐劳的精神，成就了女子嫁接队的口碑，也成为了女子嫁接队走出去的名片。除了湘西州内，女子嫁接队成员长年跋涉在贵州、重庆、四川、陕西等地，仅春季一个多月她们便能赚回200多万元。

（肖昕翔　杨籍斌/文）

第四章

"水果出山"怎么走

"下一步，我们还要培养一批农民主播、乡村网红，让农户真正从田间地头走出来，运用新科技，带动产品销售，助力乡村振兴。"

向黎黎：让电商成为菖蒲塘村一张闪亮名片

向黎黎是一位"80后"土家族姑娘，现为菖蒲塘村大学生村主干，是引领菖蒲塘村电商发展的第一人。为了运用自己所学专业知识为乡亲们拓宽水果市场销路，2010年大学毕业后，她立志回到家乡创业，先后经营过副食品批发部、当过果农、摆过地摊、做过微商、开过网店，最后凭借发展电商，不仅帮助乡亲们拓宽了市场销路，圆了自己的"创业梦"，还带动全村50余名青年做电商脱贫致富奔小康。他们成为打开网络销售市场、推动菖蒲塘村及周边水果、苗木产业发展的一支有名的"电商青年军"，是菖蒲塘村依靠科技、开拓市场的新样本。

不恋大城市，毅然回乡创业

2010年，22岁的向黎黎从湖南长沙环保学院电子商务专业毕业。当时班上很多同学都选择去上海、浙江、福建等大城市寻求就业机会，从农村走出来的向黎黎却背道而驰，毅然选择回到家乡创业。向黎黎说，她想通过自己所学的专业知识，为乡亲们打开一条新的市场销路。

但是向黎黎的创业之路并不是一帆风顺，最大的一个困难就是父母的反对。看着女儿回到家乡，父母很不理解，认为家里好不容易培养一个大学生，终于可以脱下身上的泥巴气，怎么又回到家乡玩泥巴讨生活了。此时，向黎黎的内心也开始纠结："到底该去沿海大城市闯荡一番，还是继续留在家乡创业？"思来想去，最后还是决定留在家乡创业。但是，当时本地发展电商的条件还不够成熟，向黎黎和男朋友只好先在廖家桥镇上租两间门面，一边经营批发副食品为创业积累些资本，一边等待时机到来，一干就是三年。

三年来，向黎黎每天都在关注着猕猴桃的市场动向。这个时候，凤凰本地的市场上突然新出了一个名叫红心猕猴桃的品种，引起了向黎黎的关注。借助凤凰旅游的迅猛发展，这种水果市场上能够卖到15元一斤，而且供不应

向黎黎在猕猴桃苗圃摘尖

求。向黎黎突然萌生了另一种崭新的想法："先自己植种红心猕猴桃，通过猕猴桃基地带动电商创业。"于是，她和男朋友四处去打听红心猕猴桃的市场情况，学习红心猕猴桃的种植技术。2013年底，向黎黎和男朋友结婚后，毅然决定转让一年能够带来10余万收入的副食品批发部，从村里流转了50亩地，并从银行贷款10万元，种植红心猕猴桃。

创建电商平台，打开市场新销路

2015年，微信等新媒体开始在本地兴起，向黎黎觉得机会来了，她不断地琢磨怎么用微信加好友、利用朋友圈把红心猕猴桃销售出去。这期间，她的红心猕猴桃基地也开始挂果，她经常一个人跑到附近的南方长城景区摆摊卖自家基地产的红心猕猴桃，还经常从村里收购农户的红心猕猴桃来卖。但是光靠朋友圈、摆地摊销售还远远不够，向黎黎于是找到了当时正在深圳做网站的高中同学，请他们来帮自己建立"凤凰古城红心猕猴桃基地"网站，利用凤凰古城的名气，提高家乡猕猴桃知名度，并通过网站和微信朋友圈进行销售。

"凤凰古城红心猕猴桃基地"网站建好的第一年，向黎黎就迎来了自己创业路上的第一笔"大单"，一个上海客户通过网络一次性就订购了2.4万元的猕猴桃订单。两个月间，向黎黎来往吉首火车站送货达15次，一共卖了近3万斤猕猴桃，光从农户手中就收购了近2万斤。与此同时，向黎黎自己也通过网站、微信朋友圈卖了近万斤产量。那一年，向黎黎通过电商平台销售就赚了18万元，还清了银行的10万元贷款。2016年，向黎黎又开始种植

向黎黎为线上猕猴桃订单发货

苗木，在网上销售，她的电商平台和"凤凰古城红心猕猴桃基地"网站知名度一步步提升，销路一步步打开，销量也越来越大，收入也越来越高。

2019年，向黎黎通过电商平台实现苗木销售达15万株，猕猴桃达5万斤，销售收入达到50余万元，购买客户遍布长沙、衡阳、邵阳、株洲、湘潭、浏阳、怀化、铜仁等地。

"电商青年军"：水果苗木销路宽

向黎黎不仅圆了个人的创业梦，还带动了菖蒲塘村一大批年轻人发展电商，实现脱贫增收致富。

田香群就是其中一个，作为女子嫁接队长的她，不仅是嫁接苗木的一把好手，还是村里的电商能人，仅2019年，就通过电商实现创收20余万元，加上外出全国各地嫁接、提供育苗服务以及种植猕猴桃、苗木等所得，全家一年创收 30 余万元。

刘小明的变化更是让人感到印象深刻。过去，他一直在外面打工"漂泊"，2014 年才回乡种植猕猴桃，2015 年，利用微信做电商。如今，不仅拥有 50 亩的猕猴桃、苗木基地，还成了村里电商领头人之一。2019 年，仅靠电商一项，刘小明就创收了 20 多万元。

"电商已经成为菖蒲塘村依靠科技、开拓市场的一张闪亮名片，不仅拓宽了市场销路，也提高了水果产品的附加值，带动全村和周边乡镇村水果、苗木产业发展壮大！"凤凰县驻菖蒲塘村工作队队员、村里电商负责人郭二冬如是说。

为了加快电商发展，壮大村集体经济，不断开拓市场销路，2020 年 3 月，菖蒲塘村又成立了电子商务中心，聚集全县 20 多个优质农特产品，通过线上线下相结合的销售模式，打造全县农特产品集中展示窗口和新的经济增长点。从投入营运到现在，仅一个多月时间，销售总额达到 11 万元。

"下一步，我们将引入线上直播形式，不仅可以让客户在网上买到我们菖蒲塘产品，还能参与互动和体验，进一步唱响菖蒲塘品牌！"对菖蒲塘村未来的电商发展，郭二冬胸有成竹。

截至 2022 年底，菖蒲塘村做电商人数已超过 50 人，年创收入达 800 多万元。电商俨然成为了菖蒲塘村依靠科技、开拓市场的一张闪亮的名片，有力推动菖蒲塘村及周边乡镇村水果、苗木等产业发展，已经成为凤凰县甚至湘西地区的一种新现象和新样本。

（唐金生／文）

周祖辉：科技托起振兴梦

走进菖蒲塘村，放眼望去，数千亩水果园依山就势，各式新品种挂满枝头，瓜果飘香。

周生堂生物科技股份有限公司里，几名员工正在直播带货，琳琅满目的猕猴桃果脯、蜂蜜柚子膏等产品让人食指大动，不少游客正在品尝、选购。

这动人的场景，是周生堂公司牢记习近平总书记殷切嘱托，依靠科技，开拓市场，做大做优水果产业，助力乡村振兴的生动写照。

依靠科技，水果做成大产业

菖蒲塘村素有水果种植传统，加上当地优良的自然条件，所产水果量大味美。但长期以来，水果等农产品售卖周期短、市场销售难，当地果农往往丰产难丰收。

2013年11月，习近平总书记来到菖蒲塘村考察时作出"依靠科技，开

周祖辉在果园里直播带货（杨帆 摄）

拓市场，做大做优水果产业，加快脱贫致富步伐"的指示，给了村民们发展水果产业新的灵感。

"我当时就在想，要做大做优水果产业，首先得依靠科技。"2014年，在外打工的周祖辉返乡创业，并于2016年成立周生堂生物科技有限公司，建起猕猴桃果脯、蜂蜜柚子膏两条生产线，收购村民的猕猴桃和柚子，通过精深加工，延长产业链，提升附加值。

"每年柚子长到拳头大的时候，果农需要疏果，丢掉的柚子次果就白白浪费了。"周祖辉介绍，周生堂公司把这些丢弃的次果收集起来，将柚子皮、蜂蜜与罗汉果、金银花、茯苓等中草药配在一起，利用传统工艺熬制发酵成蜂蜜柚子膏，具有健脾和胃、清肺滑肠、祛火散热等功效，深受广大消费者喜爱。

周生堂公司与菖蒲塘村建立利益联接机制，对村民的蜜柚、猕猴桃等保底收购，2022年收购果农水果850多万公斤，涉及周边12个乡镇75个村，解决了数千名果农的销售难题。2022年仅蜂蜜柚子膏一项，就为农民增收2000多万元。

菖蒲塘村水果种植面积达8000多亩，但很多猕猴桃是20世纪90年代的老果树，产量小、价值低。

2019年，周祖辉当选为菖蒲塘村党委书记、村委会主任，推动周生堂公司与湖南省农科院、湖南农业大学成立凤凰县猕猴桃科技小院，建设高标准猕猴桃种植基地600多亩，参与品改、高位嫁接的红心猕猴桃200多亩。

目前，经过品改后的猕猴桃亩产增收3万元以上，菖蒲塘村人均可支配收入从2013年的6121元增加到2022年的30392元，99%以上的村民建起了小洋楼。

村民建起了小洋楼

开拓市场，电商带动加速跑

"我们的产品，富硒、有机、无公害，是纯正的绿色水果！"周生堂公司直播间，周祖辉向网友介绍菖蒲塘村的水果，引得网友们连连抢购。

"我第一次直播就卖出了160多单。"周祖辉告诉记者，2022年，周生堂公司销售额达到8500万元，其中通过电商销售达1850万元。这也让他认识到了互联网的巨大潜力，坚定了走电商的决心。

在周祖辉的带动下，菖蒲塘村涌现出一批做电商的年轻人，他们利用微信朋友圈、网店、网络直播等形式，在网上销售猕猴桃、苗木，被乡亲们亲切地称为菖蒲塘村"电商青年军"。"80后"大学生向黎黎是村里电商"领头羊"，2022年，向黎黎通过电商平台，仅蜜柚就销售了超过50万公斤。

"平时在果园里劳作，收获季节就上网销售水果、苗木。"田香群说，现在菖蒲塘水果的知名度越来越高，她销量最高的一天发货280多单。

"我们建立了菖蒲塘村电子商务中心，2022年销售额达1400多万元。"周祖辉说，"下一步，我们还要培养一批农民主播、乡村网红，让农户真正从田间地头走出来，运用新科技，带动产品销售，助力乡村振兴。"

周生堂公司于2017年被国务院扶贫办、人社部确定为"全国就业基地"，2019年被国务院扶贫办评为全国"万企帮万村"精准扶贫行动先进民营企业；周祖辉也获评"全国向上向善好青年""全国农村致富带头人"和"湖南省劳动模范""湖南省道德模范""湖南省最美扶贫人物"等荣誉。

（莫成／文）

"花果山"上"酿出"甜蜜新生活

8月的湘西,山林苍翠,草木葳蕤。来到群山环抱的菖蒲塘村,只见成片的蜜柚、猕猴桃果树顺着山势铺展,硕果压枝,生机盎然。

2013年11月3日,习近平总书记来到菖蒲塘村考察调研,了解村里围绕扶贫开发发展特色产业的情况,并叮嘱乡亲们要"依靠科技,开拓市场,做大做优水果产业,加快脱贫致富步伐"。

十年,山乡巨变。当地干部群众牢记习近平总书记殷殷嘱托,注重科技创新,坚持市场导向,以水果种植业为依托,大力推进一二三产业融合发展。2022年,全村果林面积就从2013年的1750亩扩大到8000亩,村民人均可支配收入从2013年的6121元增加至3万多元,村集体经济从2013年的3万元增加至209万元,翻了近70倍。昔日的贫穷山寨已蝶变为"花果山"。

因地制宜谋发展　科技支撑产业旺

菖蒲塘村地处武陵山脉深处，人均耕地不足一亩。

"这些年，水果种植业发展成为村里的富民产业。现在，石头缝里都种上了果树，家家户户住上了'小洋楼'！"菖蒲塘村党支部原书记王安全年过七十，依然精神矍铄。当年习近平总书记来村里考察调研时，他作为村干部全程陪同。

"习近平总书记非常平易近人，他走进果园，帮我们摘柚子，品尝我们的猕猴桃，还问了我们水果的品种、土壤的性质，产量怎么样，对果树种植也十分专业。"回忆起当时的情形，王安全至今还记忆犹新。

"村里从上世纪 80 年代起便开始搞水果种植，但规模一直不大，缺乏科学规划和发展信心。"王安全说，习近平总书记来了之后，更加坚定了当地靠科技和市场做大做优水果产业，加快脱贫致富步伐的决心。

十年来，菖蒲塘村紧紧沿着习近平总书记指引的方向，一方面大力完善基础设施，修建机耕道，改善水利条件，另一方面积极组织党员、村干部向湖南省农科院、湖南农业大学以及外省的果树研究所学习栽培技术，引进、培育新品种。

"好品质才能提高市场竞争力。"王安全谈道，这些年村里的水果产业历经了多次品种迭代与种植结构调整，一再提质升级，仅猕猴桃就有绿心、黄心和红心三种，种植规模逐年扩大。

如今，学知识、长技能成为菖蒲塘村干部群众的共识，一群"农民专家"和技术人员活跃在田间地头。

丁清清是村里两户省级科技示范户之一。一提到水果种植，他便打开了话匣子："水果是快消品，既要种得好，还要卖得好，得紧跟市场，做到人无我有、人有我优、人优我转。"

细菌性溃疡病被称为猕猴桃的"癌症"。丁清清经过多年在试验田里反复试种、钻研，用砧木嫁接的方式，显著降低了猕猴桃溃疡病的发病率，促进了当地猕猴桃种植规模的扩大。他参与培育的"翡翠香果无籽猕猴桃"，口感更好，市场价比普通绿心猕猴桃高七八倍，2022年获得由国家农业农村部颁发的植物新品种权证书，已在全州推广种植。

2018年，湖南省农科院把菖蒲塘村列为院县共建乡村振兴科技引领示范村，并于2020年在村里建立专家工作站。2021年，湖南凤凰猕猴桃科技小

菖蒲塘村"土专家"丁清清在果园里查看猕猴桃长势情况（吴东林 摄）

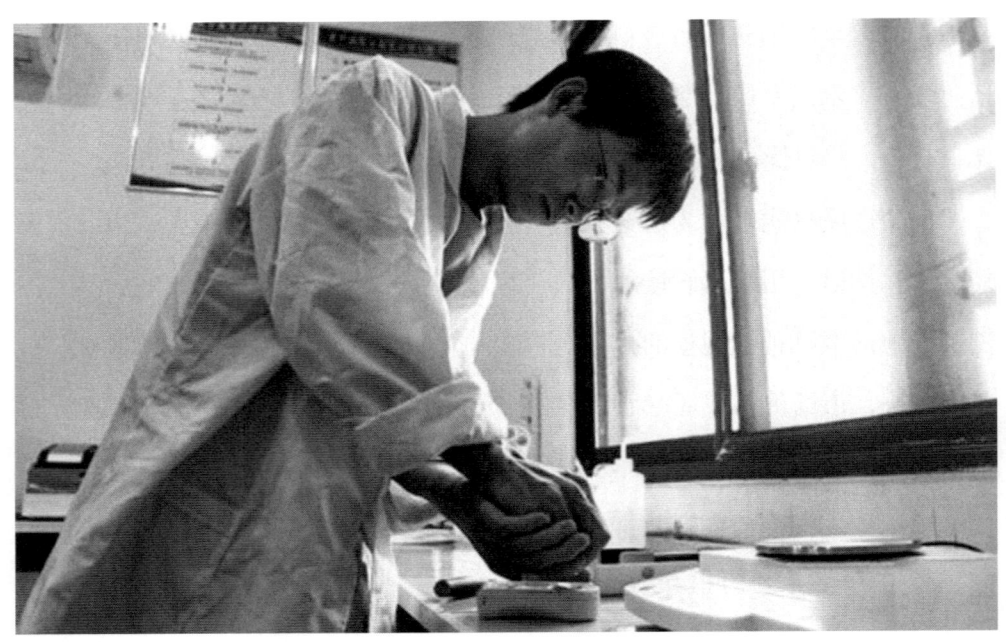

吴健笔在猕猴桃科技小院实验室测量水果糖分（人民网记者刘宾 摄）

院在菖蒲塘村揭牌，这是湖南省首批"科技小院"建设项目，也是湘西州首家国家级"科技小院"。

"我暑假期间正在做的一项课题是红心猕猴桃设施栽培，通过研究最佳采收期以及如何减少病菌传播等内容，帮助果农增收。"吴健笔是猕猴桃科技小院的一名常驻研究生，就读于湖南农业大学农艺与种业专业。除了专家教授以外，这家科技小院现有 6 名常驻研究生，研究方向涵盖猕猴桃种植、产品加工、品牌推广全产业链。

据介绍，当地下一步将把猕猴桃科技小院打造成集农业科技创新示范推广、脱贫攻坚成果巩固、乡村振兴和人才培养于一体的科技服务平台，为猕猴桃产业发展提供"智力"支撑。

延伸壮大产业链　　线下线上销路广

2019年，返乡创业青年周祖辉当选为菖蒲塘村党委书记、村委会主任。

"我以前在外地摆过地摊，做过擂茶。当年看到习近平总书记来村里考察调研时的讲话，深受鼓舞，找到了发展方向，第二年便从外地回到家乡，筹措资金成立了周生堂公司，专门做柚子和猕猴桃等水果深加工。"周祖辉说，通过深加工能进一步延伸产业链，解决鲜果售卖周期短的问题，大幅提高产品附加值。

2020年9月17日上午，习近平总书记在湖南省长沙市主持召开基层代表座谈会并发表重要讲话，听取基层干部群众代表对"十四五"规划编制的意见和建议。周祖辉作为基层代表参加了座谈。

"座谈会上，我向习近平总书记汇报了村里的产业发展情况，还提了支持农村电商发展、加快农业科技普及推广等几点建议。"周祖辉说，总书记让他代为转达对乡亲们的问候，同时对基层代表的意见和建议都给予了点评和回应。"这给了我很大的鼓励，下决心一定要带领乡亲们过上更加幸福的生活。"

产业旺则乡村兴。

近年来，菖蒲塘村大力推动水果种植业向第二、第三产业延伸，走一二三产业融合发展之路。在菖蒲塘村旅游旺季，来自全国各地的游客络绎不绝，带旺了当地蜂蜜柚子膏、猕猴桃果脯等各类农特产品销售。

周祖辉创立的周生堂生物科技有限公司，现有4个种植基地，2个加工厂，最近的加工厂距离菖蒲塘村仅约1.5公里，每年收购鲜果1700万斤，惠及周

以柚子为原料做的蜂蜜柚子膏（人民网记者 刘宾 摄）

边12个乡镇数千名果农。2022年，周生堂公司的销售额达8500万元，其中电商渠道销售额1850万元。企业还为周边村民提供了230多个稳定就业岗位，生产高峰时吸纳1000多人务工。

　　从以前的销售靠"走"到现在加工厂建在"家门口"，统一收购与网络销售相结合，菖蒲塘村的水果销路越来越广。

　　"果子熟了吗？"进入8月，向黎黎的微信每天都会接到许多老顾客发来的"催单"信息。

　　"80后"向黎黎大学读的是电子商务专业。她通过搭建网站以及利用惠农网、苗木通等平台，把水果、果苗从"云端"销往全国各地。现在菖蒲塘村像她这样做电商的年轻人有七八十个，大家亲切地称之为"电商青年军"。

"今年红心猕猴桃价格每斤 12 元至 22 元不等，市场行情不错。"向黎黎一边忙着回复顾客信息，一边感叹道，如今山里与山外的距离越来越近，联系越来越紧密了。

现在的菖蒲塘村如同展开的一幅锦绣山水画：这里的产业路四通八达，路两旁，一栋栋楼房白墙黛瓦。错落有致的果园连成一片：柚子园里，绿油油的柚子缀满枝头，将枝干压弯了腰；猕猴桃种植基地里，葱郁的藤蔓下，一个个圆润的猕猴桃簇拥在一起，密密匝匝，煞是喜人。

文旅融合添动能　乡村振兴谱新篇

以产业发展为基础，以文化建设为纽带，近年来，菖蒲塘村着力做好脱贫攻坚与乡村振兴的有效衔接。

"没想到，我们嫁接队的故事有一天还会被搬上文艺舞台。"说话的是田香群，菖蒲塘村"女子嫁接队"队长。每年嫁接果苗的农忙时节，这支由 247 名妇女组成的队伍便活跃起来。除了为当地村民提供苗木嫁接技术指导，她们还把嫁接技术"输出"到四川、云南等十多个省份，成为菖蒲塘村一张响亮的"品牌名片"。

原创地方小阳戏《菖蒲塘的春天》以她们的事迹为原型，由湘西阳戏传习所组织 30 多人的主创团队创作而成，在当地演出后，深受群众好评。

"女子嫁接队同时还是村里的'金剪刀志愿服务队'。多年来她们走南闯北，只为授人以渔，带动大家共同致富，这种精神尤为可贵。"该传习所所长田本红说，希望通过讲好老百姓身边的故事来展现新时代农民的精神风貌，丰富乡村文化，助推乡村振兴。

金喇叭志愿服务队、猕猴桃志愿服务队、蜜柚志愿服务队……菖蒲塘村组建了9支具有本土特色的志愿服务队，已先后开展党的政策宣讲、技术培训、法律咨询等各类志愿服务活动480场次。村里还建起了村史馆、农家书屋、乡村影院等"文化阵地"，篮球赛、广场舞、乡村春晚、送戏下乡等一系列文体活动轮番举办。

文化"活"，旅游"火"。菖蒲塘村这些年还大力发展"红色游""研学游""观光游"，深入推进文旅融合。

临近正午，"红色农家院"升起袅袅炊烟。一早就接到团体餐订单，李霞和当厨师的丈夫正忙着配菜、炒菜、煮饭。她笑着说，以前在外务工背井

村民李霞返乡从事餐饮业（人民网记者刘宾 摄）

离乡，无法照顾孩子。如今实现了"家门口就业"，挣得还不少，日子奔头十足！

石头垒砌的"红色农家院"古朴大气，是村里结合美丽乡村建设、人居环境整治、文旅产业发展需求，利用闲置房改造而成。院里的三个厅分别取名"思源厅""振兴厅""红色厅"。"这表达了我们永远感党恩、听党话、跟党走的决心。"菖蒲塘村驻村第一书记唐金生说。

"依托资源优势、区位优势和生态优势，菖蒲塘村已初步形成了集'农、旅、研、学'于一体的文旅融合发展格局。"唐金生介绍道，目前村里年游客接待量42万人次以上，文旅产业年总收入达1亿元。下一步，将聚焦红色文化、绿色景观、多彩农旅三个方向，积极探索乡村文化振兴新路径，把菖蒲塘村打造成全国文旅赋能乡村振兴的典范和新时代红色地标。

产业为基，文化铸魂，乡村振兴谱新篇。菖蒲塘村干部群众正用勤劳和智慧，在这片"花果山"上，"酿出"甜蜜新生活。

（刘宾/文）

翻开产业发展的新篇章

扩面提质，做大做优水果产业

驻村工作队队员杨昌志和工作队来到菖蒲塘村驻村后，团结带领全村党员干部和群众，以发展壮大水果业为重点，进行产业发展规划，主动对接上级资金和项目支持，实施猕猴桃、蜜柚等产业扩面提质，进行园区品改，通过增施有机肥、生物菌肥等方式，改良土壤，组织引进金红一号、G3、G9、红什二号等品种，将老园区、老品种改为新园区、新品种，先后建成了1个蜜柚提质增效示范园和1个千亩猕猴桃提质增效示范园，极大提高了水果的品质和产量，树立了菖蒲塘村特色水果品牌。

同时，村里大力建设智慧农业基地、立体农业基地，引进半封闭式避雨大棚栽培模式和高端品种，实施水肥一体化、喷灌等农业设施，搭建远程科技服务平台，有效降低猕猴桃溃疡病发病率，极大提高水果产品效益，实现果园向精准化、精细化管理和服务，以及农业产业向数字化、智慧化发展，让菖蒲塘村在全州产业发展中形成示范引领。

此外，菖蒲塘村积极推动土地流转开山整地500多亩，牵头引进州农科院、周生堂等四家单位企业来村里进行土地流转开发，种植猕猴桃、比尔脐橙等农业产业，盘活土地资源，通过土地流转，促进农户企业的合作，提升经济效益。大力发展村集体产业，通过与凤凰县苗圃合作，繁育黄金茶叶苗、猕猴桃苗木等，破除了村集体经济增收难题。全村产业发展面积突破8000亩，比2013年翻了4倍；全村人均可支配收入从2013年的6121元上升到2022年的30392元，翻了4.9倍；村集体经济从2013年的不足3万元增加至2022年的209万元，翻了70倍。菖蒲塘村产业发展成为全国样本。

引进科技人才，助力产业发展

产业要振兴，关键在科技、在人才。省农科院、省农大与菖蒲塘村合作共建专家工作站，由7名专家组成专家团队，中国工程院院士、湖南省农科院党委书记柏连阳担任首席专家，每月至少一次入村开展病虫害防治、更新换代、新品种试种推广、土壤改良等技术指导，推动菖蒲塘村产业规模化、绿色化发展。2021年，成立了湖南省首批国家级猕猴桃科技小院，成功争取湖南农业大学选派的5个研究生入驻科技小院进行科技研发。在省州县专家指导下，菖蒲塘村掀起了学科技、用技术的热潮，为村里科技人才培养和产业发展奠定了基础。

大力培育本土专家，先后培养出一批科技示范户、种植大户和营销能手等"本土专家"。省级科技示范户丁清清通过反复土实验搞创新，优中选优，

猕猴桃销售忙（摄影　张寒烟）

成功选育出了无籽猕猴桃，抗旱、耐涝、抗病性强、口感好，市场价翻了4倍。目前与湘西州农科院合作申报并获得国家植物新品种权保护，已在全州推广3000多亩。由丁清清发现的"9801号"水杨桃（学名对萼猕猴桃）砧木嫁接，极大降低了猕猴桃发病率，让菖蒲塘村小苗木变成了大产业，2022年，菖蒲塘村繁育苗木800亩，年创收入2700多万元，成为村里一大特色支柱产业。

在科技人才支撑下，菖蒲塘村形成了家家有果园、户户有苗圃、人人会种植、人人懂技术的发展格局，为菖蒲塘村产业发展、乡村振兴奠定了基础、夯实了条件。

创新思路，推动农旅融合发展

为了充分利用当地资源，带动更多的人致富奔小康，杨昌志不断创新产业发展思路，坚持走农旅一体化发展道路。依托菖蒲塘村强大的红色品牌、红色资源和凤凰古城、熊猫乐园、菖蒲塘村内飞水谷景区等旅游资源，发展农旅融合，走出了一条特色发展之路。

为壮大村集体经济，杨昌志为代表的驻村工作队围绕挖掘红色资源，邀请媒体拍摄宣传片、主动争取项目资金修建乡村振兴展览馆以及开办精品课程，并通过村集体经济在深坨苗寨引进公司合作盘活利用闲置房开发红色餐厅，带动当地就业和农副产品销售。在此基础上，精心打造出重走一次习近平总书记红色线路、参观一次红色宣传片、品一杯当地蜂蜜柚子膏、参观一次乡村振兴展览馆、上一堂红色党课、重温一次入党誓词、体验一餐红色餐

走红色线路，看山乡巨变

等"七个一"精品线路，菖蒲塘村被评为湖南省党员干部教育现场教学点，成为全国脱贫攻坚交流基地和全国脱贫攻坚考察点，先后接待了前来学习经验的国内外参观考察团队；围绕旅游资源，发展田园风光，将果园打造成花园，将菖蒲塘和飞水谷景区有机融合，每年到菖蒲塘村参观考察旅游团队近42万人次。其中，飞水谷景区达到30多万人次，每年带动村农副产品销售180万元。

如今，红色资源已变成了红色经济，果园变成了打卡地，菖蒲塘村成为了望得见山、看得见水、记得住乡愁的新农村，每年来到菖蒲塘村参观考察学习、旅游的团队和游客络绎不绝，菖蒲塘村已成为新时代红色地标和全国乡村振兴样板。

（吴东林／文）

第五章

留住甜蜜的乡愁

菖蒲塘村农、旅、研、学一体化初步成型,奋力打造游客最美最恋的诗和远方,一幅栩栩如生的幸福宜居新乡村美丽画卷正在菖蒲塘村大地上徐徐展开。

梁立军：在土地里种出幸福生活

"我家的柚子水分足、果肉多，味道一级棒！"梁立军站在自家柚子园里向游客推介柚子，嘴角堆满了笑容，甜蜜幸福溢满了整张脸。

梁立军，菖蒲塘村人，1977年加入中国共产党，1982—2014年担任原长坳村（后与菖蒲塘、马王塘、樱桃坳三个村合并为菖蒲塘村）村支书。在脱贫路上，他"靠土吃土""靠土致富"，挣出一份幸福生活。

这位几乎与新中国同时代生长起来的老人谈起而今吃住不愁的幸福生活，心里十分感慨。长坳村身处闭塞山地，在上世纪八九十年代，外人进不来，村民出不去，家家户户住得是土木房、石头屋，全靠种些稻谷、玉米、红薯为生，遇到天灾，"娃娃们饿得嗷嗷叫，大人挨饥还得到地里弄地，日子过得真是苦"。谈起以前，梁立军说最大的感受就是饿、苦。一些人饿得不行了就开始走邪路，偷盗的事儿时有发生，家家户户大白天也是门窗紧闭，稍微有点钱的担惊受怕就举家搬了出去，村里留下来的都是些"穷户、破户"，村里面貌也是越来越差。

"靠地吃地"向"靠地致富"转变

梁立军一家也被留了下来。数十年来，一家人面朝黄土背朝天地操劳着，日子却不见半点起色。1978年，国家开始实行家庭联产承包责任制，成家的梁立军分得了属于自己的田地，在种植了十多年的水稻、玉米后，看到长坳村土地资源丰富的优势，梁立军开始思考如何将"种地吃地"的现状向"靠地致富"转变。说干就干，听说其他村镇有人栽种橘子发了家，梁立军就跑去学习经验技术，带回橘子树幼苗。在半学半摸索中，橘子迎来了丰收，让梁立军一家首次尝到了生活的甜蜜。作为村里的支书，梁立军也没有忘了村民，他发动带领更多村民改种橘子。金秋时节，长坳村橘果满山，一斤能卖到2块多，村民们吃上了"水果饭"，温饱问题得到解决。

梁立军在田间耕作

土地荒山长出果树林，水果饭碗越端越稳

到了 2010 年，随着橘子越来越多，市场逐渐饱和，橘子掉价严重，让梁立军心急如焚。一些村民无奈改种回稻谷、玉米。这个村子的脱贫致富之路又变得坎坷起来。2013 年，长坳村被确立为贫困村，全村包括梁立军一家共有 68 户贫困户。同年 11 月 3 日，习近平总书记来到菖蒲塘村视察，为菖蒲塘村发展水果产业提振了信心，也再次激荡起邻村梁立军脱贫致富的心。

2016 年，长坳村与菖蒲塘、马王塘、樱桃坳三个村合并，成为全新的菖蒲塘村。老菖蒲塘村以技术见长，长坳村土地资源充裕，马王塘村适宜培育果苗，樱桃坳村有水果加工厂，新菖蒲塘村党委决定发挥各地优势，聚力发展，重新整顿果业资源，扩大种植面积，做优水果品种，延长产业链价值，做大做强水果产业。

"可种水果能发家吗？"面对村民们的质疑。村委决定先发动一批党员、能人带头种。梁立军第一个就报了名，种了 2 亩猕猴桃、8 亩柚子。虽然已年过花甲，但学习的劲儿还足得很。"种猕猴桃学问大着了，比如嫁接幼苗，要选择健康的母枝，长度为 10—15 厘米，每根最好保留两个叶片……"梁立军说得头头是道，仿佛一个农业专家，这些技术多是跟着村里请的专家学的。

为有效推动水果产业的高质量、规模化发展，菖蒲塘村请来了柏连阳院士、王仁才等一大批农技专家，为果农传递技术、答疑解惑，还培养了一支村里的农技人才队伍。为降低成本，给村民免费发幼苗、送有机肥。为了扩大销路，村里硬化了道路，开展农民电商培训，扶贫政策福利一路兜到底。

很快，梁立军家的猕猴桃、柚子园就有了回报，收入破了万元。"一亩地的猕猴桃能换一年的口粮。"梁立军笑开了眼。

有了党员带动、村党委的强力保障，村民种植信心大增。梁立军毫不吝啬地当起了大家的指导人，从育苗、施肥、养护全程倾囊相授。常常照看完自家地里的柚子后，他都要到村里其他果农地里转转，发现病虫害，立刻联系村委、专家，避免更大的损失。很快，菖蒲塘换新颜，土地荒山长出大片果树林，"水果之乡"的名声越传越远，贵州等地商户开着大卡车前来收购，水果不愁卖不出去。菖蒲塘村"水果饭碗"越端越稳。2016年，菖蒲塘村实现整村脱贫，梁立军一家也摘掉了"贫困户"帽子。

梁立军在果园中笑开颜

搭上了"农旅融合"快车，日子越过越有盼头

　　脱贫攻坚取得全面胜利之后，凤凰县立足旅游资源优势，进一步发挥"凤凰古城"品牌效应，辐射带动了一批特色乡村旅游发展。菖蒲塘把握时机，不断推动自然景观与生态农业、民族文化融合。打造了集田园观光采摘、红色研学旅游、自然山水和现代科技农业为一体的参观考察精品线路。建成果园游步道、电瓶车观光游览线、农产品展览馆等重点生态观光项目，引得许多"城里人"慕名而来，菖蒲塘村搭上乡村旅游快车。

　　每到周末、节假日，游客们携亲带友到菖蒲塘赏山水，到果园里摘果子，到农家乐尝美食，为当地老百姓带来了实实在在的收益，不少村民实现了家门口就业。梁立军家的猕猴桃园是游客们的热门采摘点，到果实成熟时节，梁立军只需要守在家里，就能把一筐一筐的果子卖出去。景区也专门设置摊点免费供农户卖货。前些年，梁立军的大儿媳就在景区门口摆摊卖货，既能照看家里的老人、孩子，又有一笔不菲的收入。如今，梁家的几个孙子都在外上大学或工作，儿子儿媳可以安心地到外地打工，一年收入有十来万，家里修起了两层小洋房，生活面貌大为改观。

　　如今，年过七旬的梁立军与老伴生活在村里，得闲了就去钓鱼、逗猫，有时还充当起村里水果种植的技术员。物质生活、精神生活十分富足。在32年村支书任期里，他把自己的大半青春奉献给了他的村子。村里没有路，他就带着简陋的工具，带领全村青壮劳动力开始修路。寒暑易节，凭借着"愚公移山"般的意志力，生生把一条弯曲小路修成了一条可让车子通行的"大道"。村里没有水，只能靠肩挑手抬，他就积极向上反映争取，终于让

自来水管接进村民家门口，在村里溜达时，村民们热情的一句"老支书"是对他最大的褒扬。

"作为一名党员，永远跟党走，脱贫路上才不会迷路；带着群众一起走，才是真正脱贫。"这位老党员、老支书从来没有忘记初心。

（田小英/文）

李霞：以苗族文化引客，以优质服务留客

深秋时节的菖蒲塘村迎来了蜜柚、猕猴桃成熟的季节，果实满坡，瓜果飘香，满眼都是丰收的喜人景象。正午时分，菖蒲塘村红色农家院炊烟袅袅，石头垒砌的院落里客来客往，人声鼎沸，游客们一起吃着农家饭，感受乡村生活的氛围。

李霞是菖蒲塘村深坨苗寨的村民，也是红色农家院的负责人，为人热情大方，干事精练从容。早年间，夫妻俩在飞水谷景区内以开南杂店、从事餐饮为生。2022年，菖蒲塘村充分利用红色元素、品牌影响力和农旅资源，在位于飞水谷附近的深坨苗寨，由村集体引进公司合作，将村里常年闲置的石头房子开发成红色农家院，让游客们在菖蒲塘不仅可以重走红色路，学习产业发展经验，还能品尝红色餐。

菖蒲塘村驻村第一书记唐金生和村支两委多次找到李霞夫妻沟通讨论，推荐由他们担任农家院的管理经营者。2022年9月18日，菖蒲塘红色农家院开始试营业，众多游客村民们慕名而来，一起体验红色参观线路，感受菖

蒲塘村的喜人变化，打卡红色农家院，品尝原汁原味的特色美食，感受土家苗寨独特风情，找寻那久违的乡愁。

黄墙黑瓦的红色农家院外，"思源厅""振兴厅""红色厅"三个蕴意美好的门牌引人注目，屋外挂着金灿灿的玉米和火红的辣椒，喜庆十足。李霞指着思源厅屋外挂着的村民自己写的对联，"瓜果飘香思党恩，流霞醉月美山色"，十分感慨菖蒲塘村村民的幸福生活。

"我们这个红色农家院，把危房、闲置房变成了客房，我们的服务员、厨师都是本村村民，所有的食材都是老百姓自种自养，绿色生态还健康，现在我们种的有冬瓜、胡萝卜、白菜、广菜等新鲜蔬菜，深受大家的喜爱。"李霞表示，自己在农家院一个月有3500元的收入，离家近又能照顾小孩，丈夫龙建国也在农家院从事厨师工作，一个月能有5000元，这样的工作她表示相当满意。

每天清晨8点，李霞早早地来到农家院里上班，打扫卫生、劈柴、洗菜、煮饭……李霞有条不紊打理餐馆。"从事餐饮行业，手脚一定要快，服务一定要好！"勤劳肯干的李霞表示，7月建党节期间，每天各单位部门、游客团队络绎不绝，人流如织，都得提前预约才能排上号，忙的时候一天要接待20多桌的客人，忙不过来还得聘请人帮忙。

"我们的土鸡、土鸭、稻花鱼、腊肉等苗族特色菜品，深受广大食客的好评。"李霞指着炕上挂着的熏的发亮的腊肉表示，很多游客品尝过后觉得这里的菜品很有特色，都要把腊肉、腊排骨、香肠等特色农产品带回家乡，把菖蒲塘的味道给家人品尝。

同时，在长坳片区开发的菜园，除了给农家院供应蔬菜之外，还给游客提供农家种植体验，充分感受苗族农耕文化的乐趣。小小的农家院不仅为村子创造了如厨师、服务接待、环卫等就业岗位，更带动了本地区农业发展。村集体积极开发腊肉产业，专门收购村民土猪，熏制腊肉，通过线下线上销售到全国各地。仅2022年底至2023年初出产的第一炕腊肉，销售就达1000余公斤，为村里带来近15万元收入。

"快到年边的时候，大家打糍粑，杀年猪，我们农家院热闹得很嘞！"李霞表示，村里还建了专门的熏腊肉厂，收购了当地农户100余头土猪并熏制成腊肉，让远方的八方宾朋品尝原汁原味的特色腊肉，在美食中感受土家苗寨独特风情，追忆浓浓乡愁。

李霞与农家院

村民们打苗鼓、唱苗歌,欢迎远道而来的宾客(吴东林 摄)

"盘活了闲置老房子,带动当地村民就业增收、农副产品销售,还探索走出了一条发展村产业、壮大村集体经济增收的发展路子。"菖蒲塘村第一书记、乡村振兴工作队队长唐金生表示,菖蒲塘村已基本形成了重走一次总书记视察红色线路、观看一次宣传汇报片、品尝一杯当地农产品蜂蜜柚子膏、参观一次乡村振兴展览馆、上一堂红色党课、重温一次入党誓词、体验一餐红色餐的"七个一"精品路线,菖蒲塘村成为了'望得见山,看得见水,记得住乡愁'美丽文明宜居新农村。

如今,传统的"石头屋"被打造成了"红色农家院",通过"危房变客房,苗寨变景区"的发展思路,保留农村乡土气息,吸引了众多游客前来品尝体验,带动当地就业,扩大农特产品销售,增加村集体收入,助力乡村

第五章 留住甜蜜的乡愁

振兴。红色农家院已经成为苗寨里一道亮丽的风景和乡村旅游"网红"打卡地。

"下半年我们马上又要准备杀年猪、熏腊肉了。我们以苗族文化引客，以优质服务留客，让来菖蒲塘村的客人享受美味的苗族美食，让游客放心满意，我相信一定会把'红色农家院'的品牌做大做好。"李霞对于未来的发展自信满满。菖蒲塘村希望成为游客最美最恋的诗和远方，一幅栩栩如生的幸福宜居新乡村美丽画卷正在菖蒲塘村大地上徐徐展开。

（吴东林 / 文）

飞水谷：绿野仙境的扶贫致富奇迹

在湖南省的蜿蜒山川中，隐藏着一片神奇的土地，那里的山峦叠嶂、清流潺潺，仿佛仙境一般。这片被称为"飞水谷"的自然仙境，位于凤凰县的廖家桥镇，一直以来以其壮丽的峡谷、清澈的流水和丰富的历史文化而闻名于世。

飞水谷迎来重生

飞水谷自明清以来即为南长城所隔断，位置极为隐秘，素不为世人所知。谷中危崖夹峙，树木繁茂，奇花异草点缀其间；谷底溪流潺潺，洞瀑相间，雾气盈谷，犹如人间仙境。这里是一个绿野仙境，也是一个奇迹的诞生地。十年前，菖蒲塘村是一个贫困的村庄，面临着生计艰难和缺乏发展机会的困境，飞水谷的美丽面纱也尚未被世人揭开。然而，一项精准扶贫政策的实施改变了这一切。

变绿水青山为金山银山

过去的菖蒲塘村，曾是贫困的代名词。世代生活在此的土家族和苗族人民日复一日地与艰辛的生活搏斗，一度陷入了希望的低谷。十多年前，习近平总书记来到菖蒲塘村视察，为这片贫困土地带来了新的希望。随着精准扶贫政策的实施，飞水谷迎来了改变命运的契机。

从最初的景区规划、建设，到后期的运营和管理，这里涌现出了各类就业机会。村名们在景区内实现了就业，成为了导游、保安、餐饮服务员、交通运营人员等等。这不仅提高了他们的收入，还赋予了他们自尊和归属感。更为重要的是，飞水谷的就业机会不仅局限于景区内，还涵盖了周边农业、手工艺品制作等领域，为村名们打开了更多的致富之路。

景区内，一位阿妹面带笑容地为游客介绍飞水谷的美景，当地村民说，她家曾经是当地建档立卡贫困户。2018年，她来到产品展示区担任讲解员。"旺季每月收入有5000多元，淡季也有三四千元，我家早几年前就脱贫了。"谈起现在的工作，这个阿妹笑得很腼腆。

飞水谷自然仙境

一位村名笑着说道，他当时抓住旅游开发契机，在景区入口开办了一家农家乐，年收入超过20万元。刚过去的"五一"假期，忙的不可开交哩！平日他一个人忙不过来，聘请了5个人帮忙。另一位村民在自家果园里忙着除草。"家里修了两栋房子，还买了小车。"说起家里的情况，她脸上乐开了花。

2018年12月31日，飞水谷景区达到国家3A级旅游景区标准要求，被批准为国家3A级旅游景区。2019年，飞水谷景区接待游客32.42万人次，旅游收入达到2076.58万元，实现农副产品销售收入180.96万元。

飞水谷的魅力点亮菖蒲塘村的未来

飞水谷的美丽景色和丰富的历史文化吸引了大量的游客。游客们来到这里，不仅欣赏壮丽的自然风光，也被景区的历史和文化所吸引。随着游客的不断增多，菖蒲塘村的发展机遇也越来越多。景区的吸引力不仅为村庄提供了稳定的游客流量，还带动了当地农产品和手工艺品的销售，为当地农民提供了额外的收入来源。村名们开始制作具有土家族和苗族特色的手工艺品，

第五章　留住甜蜜的乡愁

种植当地特色农产品，不仅丰富了游客的购物选择，也提升了当地居民的收入水平。

在景区开发方面，结合自然资源和文化特色，当地制定了详细的规划方案。景区主要包括土家族文化园、飞水谷自然景观区、农家乐体验区等。为了让游客更好地了解土家族文化，景区还推出了一系列精彩的民俗表演活动。景区的成功开发不仅带动了当地旅游业的发展，也促进了相关产业的发展，如餐饮、住宿、购物等。

与此同时，飞水谷景区也以其独特的故事展示了当地村民扶贫致富的决心和努力。在过去的十年里，通过飞水谷乡村游景区开发项目，农产品走向了繁荣之路。在项目实施过程中，村民们积极参与，共同投入到农产品种植、加工和销售中。

经过十年的努力，凤凰菖蒲塘农产品飞水谷乡村游景区开发项目取得了显著的成果。村民的生活水平得到了明显提高，许多家庭盖起了新楼房，开上了小汽车。农产品的销售也给村民们带来了丰厚的收益，土产品成了"网红"产品，吸引了大量游客前来品尝、购买。景区的发展也为当地提供了大量的就业机会，许多村民在景区找到了稳定的工作，提高了家庭收入。

2023年9月22日，天空下起蒙蒙细雨，菖蒲塘村飞水谷景区上空升起层层薄雾，蜿蜒曲折的峡谷让人如入仙境，美不胜收。游客们忙着拍照、品尝当地小吃，欢声笑语回荡在峡谷上空。

自然之美与人文之韵的和谐共生

飞水谷,不仅仅是一处自然景区,它的发展更是一个改变命运的故事。它依托菖蒲塘村,成为了扶贫攻坚和乡村振兴的生动典范。自然与经济在这里和谐共生,旅游业成为了带动地方经济的强大引擎。它不仅推动改变了这个偏远山村的落后面貌,实现了脱贫致富的目标,还弘扬了当地文化,提高了乡村的知名度,为乡村振兴注入了新的活力。

如今,这里不再是贫困之地,而是吸引着游客纷至沓来的美丽景区。在飞水谷,自然之美与人文之韵相融合,生态保护与经济发展相得益彰,一个小村庄的命运,也发生了翻天覆地的变化。

(铭城集团供稿)

图书在版编目（CIP）数据

甜蜜"湘"村：菖蒲塘村的小康路 / 唐金生主编．
北京：外文出版社，2024.8. ——（解码中国新时代）．
ISBN 978-7-119-14032-2

Ⅰ．F323.8

中国国家版本馆 CIP 数据核字第 2024HQ6808 号

出版指导：胡开敏
项目指导：毛　家　龙金明
项目统筹：黄　伟

文字撰稿：唐金生　邓志诚　吴宜芝　田志阳　张　清　王　妍　吴东林
　　　　　吴志瑶　王浩铭　肖昕翔　杨籍斌　向黎黎　莫　成　刘　宾
　　　　　田小英　铭城集团（按文章顺序排列）
图片提供：中共凤凰县委宣传部
责任编辑：蔡莉莉　祝晓涵
装帧设计：北京夙焉图文设计工作室
印刷监制：章云天

甜蜜"湘"村：菖蒲塘村的小康路

唐金生　主编

© 2024 外文出版社有限责任公司
出 版 人：胡开敏
出版发行：外文出版社有限责任公司　　邮政编码：100037
地　　址：北京市西城区百万庄大街 24 号
网　　址：http://www.flp.com.cn　　电子邮箱：flp@cipg.org.cn
电　　话：008610-68320579（总编室）　　008610-68996167（编辑部）
　　　　　008610-68995852（发行部）　　008610-68996183（投稿电话）
印　　刷：鸿博昊天科技有限公司
经　　销：新华书店 / 外文书店
开　　本：787mm×1092mm　1/16　印　张：9
版　　次：2024 年 8 月第 1 版第 1 次印刷
书　　号：ISBN 978-7-119-14032-2
定　　价：58.00 元

版权所有　侵权必究　　如有印装问题本社负责调换（电话：68996172）